Cooperation Between the Sexes

여자와 남자가 모두 행복한 세상에 대하여

여자와 남자가 모두 행복한 세상에 대하여

초판 1쇄 발행 2017년 5월 15일

원제 Cooperation Between the Sexes
지은이 알프레드 아들러
옮긴이 정명진
펴낸이 정명진
디자인 정다희
펴낸곳 도서출판 부글북스
등록번호 제300-2005-150호
등록일자 2005년 9월 2일

주소 서울시 노원구 공릉로63길 14, 101동 203호(하계동, 청구빌라)
(139-872)
전화 02-948-7289
전자우편 00123korea@hanmail.net
ISBN 978-11-5920-060-1 03180

Cooperation Between the Sexes

여자와 남자가 모두 행복한 세상에 대하여

알프레드 아들러 지음 정명진 옮김

차례

1장

여자는 열등하다는 신화

분업과 남녀 이형성(二形性)

모든 심리적 과정을 지배하는 두 가지 요소는 바로 사회적 관심과 주위의 인정(認定)에 대한 욕구이다. 사람은 자신의 삶의 조건을 안전하게 지키고 또 삶의 3가지 중요한 과제, 즉 사랑과 직업, 사회와 관련한 과제를 완수하면서 언제나 사회적 관심을 활성화시키고 또 인정과 권력, 우월을 확보하기 위해 노력한다. 그러기에 모든 심리적 현상은 그 사람이 심리적으로 이해한 바를 최대한 충실히 나타내기 위해 이 두 가지 요소, 즉 사회적 관심과 인정 욕구를 양적으로나 질적으로 결합시킨 것으로 여겨져야 한다. 이 두 가지 요소가 어떤 식으로 결합되는가에 따라서, 그 사람이 더불어 사는 인간 삶의 논리를 이해할 수 있는 범위가 결정되고 또 삶의 논리가 강요하는 분업에 적응할 수 있는 범위가 결정될 것이다.

분업은 인간 사회의 보전에 절대적으로 필요한 조건이다. 따라서 모든 사람은 사회 안에서 어느 시점에 구체적인 어떤 자리를 채워야 한다. 이 의무를 완수하지 않는 사람은 사회적 삶과 인간 종(種)의 보존을 거부하는 것이나 마찬가지이다. 그런 사람은 동료 인간으로서의 역할을 망각하고 말썽을 일으키는 사람이 될 것이다. 말썽을 일으키는 정도가 가벼운 사람을 두고 우리는 태도가 나쁘다거나, 나쁜 영향을 끼친다거나, 자기 마음대로 행동한다는 식으로 말할 것이다. 그 정도가 심한 사람을 두고는 비정상적인 행동을 한다거나, 비행(非行)을 저지른다는 식으로 말할 것이다. 말썽을 일으키는 정도가 심한 사람은 삶의 후반으로 접어들면서 범죄에 빠질 수 있다. 그렇게 되는 이유는 그들이 사회적 삶이 요구하는 바를 충족시키지 못하고 사회적 삶에서 멀리 벗어나기 때문이다.

어떤 한 사람의 가치는 그 사람이 공동체의 분업에서 자신에게 주어진 자리를 어떤 식으로 채우느냐에 따라 결정된다. 사람은 사회적 삶을 긍정적으로 받아들임으로써 타인들에게 의미 있는 존재가 되고 또 동시에 인류의 존속을 가능하게 하는 체인의 고리 하나가 된다. 이 체인의 고리들 중에서 많은 것이 빠지게 되면, 결과적으로 사회적 삶이 붕괴하고 말 것이다. 이론적으로 보면, 어떤 사람이 인간 사회의 전체 생산 과정에서 자신의 자리를 차지할 수 있도록 하는 것은 그 사람의 능력일 것이다. 그러나 이 같은 이해(理解) 자체에 상당한 혼돈이 일어남에 따라 인간 가치의 평가 기준으로 엉뚱한 것이 제시되었고, 따라서 분업에 큰 교란이 일어났다. 어떤 개인이 스스로 발견한 자리에 어떤 이유로 적합하지 않을 수도 있다. 아니면 함께 살고 함께 일하는 인간 사회를 이기적인 관심으로 방해하는 일부 개인들의 권력 욕구나 헛된 야망 때문에 곤경이 생겨날 수도 있다. 개인의 권력 또는 경제적 이해관계가 작용함에 따라, 보다 많은 권력을 안겨주는 유리한 자리가 사회의 일부 집단에게 돌아가는 한편으로 다른 사람들은 그런 자리에서 배제되는 방향으로 일의 분배가 이뤄지기에 이르렀다. 이 문제에서는 권력을 추구하려는 노력이 엄청나게 중요하기 때문에, 노동의 분배 과정은 절대로 부드럽게 진행되지 않았다. 폭력적인 간섭이 지속적으로 이뤄지면서, 일이 어떤 사람에게는 일종의 특권이 되었고 어떤 사람에게는 일종의 억압이 되었다.

이 분업은 남녀 성별을 통해서도 이뤄지고 있다. 처음부터 이 분업은 일부, 즉 여자를 체격 때문에 특정 직업에서 배제시킨다. 그런 한편 남자들에겐 다른 분야에서 더 잘할 수 있다는 이유로 주어지지 않는 일도 있다. 당연히, 이 분업은 편견이 전혀 없는 기준에 따라 이뤄져야만 한다.

여성 운동은 투쟁의 열기 속에서도 도를 넘지 않고 있다는 점에서 보면 이 같은 견해의 논리를 받아들이고 있다고 볼 수 있다. 여성 운동은 여자들을 남성화하지도 않고 남녀에게 적합한 일의 기회와 관련해서 남녀의 자연스런 관계를 파괴하지도 않고 있다. 인류의 발달 과정에, 분업은 다음과 같은 방식으로 이뤄졌다. 남자들이 계속 수행할 경우에 남자들을 바쁘게 만들 수 있는 일들 중 일부를 여자들이 넘겨받는 식이었다. 그 과정에 남자는 자신의 권력을 더욱 유효하게 사용할 수 있게 되었다. 분업으로 인해 노동 자원이 노는 일이 없고, 또 지적 및 물질적 자원이 남용되지 않을 수만 있다면, 이 같은 분업도 그리 불합리하지는 않다.

문화적 상황

남성 지배

문화의 발달이 권력 추구 쪽으로 전개됨에 따라, 특히 일부 개인 또는 계급이 특권을 누리려 노력함에 따라, 분업은 남자에게 유리한 방향으로 이뤄져 왔다. 이 경향은 지금까지도 그대로 이어지고 있다. 그 결과, 인간의 문화에 남자의 중요성이 지나치게 강조되는 특징이 나타나게 되었다. 그리하여 남자들은 분업에서 특권을 보장받는 집단이 되었다. 남자들은 지배력을 이용하여 분업과 생산 과정 속의 여자의 지위를 자신들에게 유리한 방향으로 바꿔놓고 있다. 남자들은 여자들에게 삶의 영역까지 정해주고 그것을 현실로 구체화시킬 수 있는 위치에 서 있다. 남자들은 여자들을 대신해 여자들의 삶의 형식까지 결정해주고 있으며, 여자들은 주로 남성의 관점을 따르고 있다.

현재의 상태를 보면, 남자들은 여자들보다 우월하려고 지속적으로 노력하고 있는 반면에 여자들은 남자의 특권에 끊임없이 불만을 품고 있다. 그런데 여자와 남자가 서로 밀접히 얽혀 있기 때문에, 둘 사이에 긴장이 일어날 수 밖에 없다. 말하자면 여자와 남자 사이에 심리적 조화가 끊임없이 깨어지고 있는 것이다. 이런 전반적인 심리적 조건은 인간 종(種)을 이루고 있는 남녀 모두에게 대단히 고통스런 것으로 경험되고 있으며, 넓은 범위에 걸쳐서 불안을 낳고 있다.

남성 지배는 하나의 자연적인 사실로 시작된 것이 아니며, 따라서 다수의 법들을 통해 보장되어야 했다. 옛날엔 남성의 지배가 그처럼 확고하지 않았던 시기가 있었음에 틀림없다. 어머니, 즉 여자가 삶에서, 특히 아이의 문제에서 더 중요한 역할을 했던 모계제도가 있었다는 사실을 뒷받침하는 역사적 증거가 있다. 모계제도에선 부족의 모든 남자들은 여자에게 일종의 의무 같은 것을 졌다. 일부 풍습과 전통은 지금도 그런 제도의 흔적을 보여주고 있다. 예를 들면, 모든 남자를 농담조로 아이의 삼촌이나 사촌이라고 부르는 예가 있다.

모계제도에서 부계제도로 넘어가기 전에 중대한 투쟁이 벌어졌다. 원래 남자는 오늘날의 남자들이 본래부터 갖고 있었다는 식으로 설명하길 좋아하는 그런 특권을 갖지 못했으며, 그래서 특권을 얻기 위해 싸워야 했다. 이런 식의 전개는 독일 사상가 아우구스트 베벨(August Bebel)이 쓴 『여자와 사회주의』(Woman and Socialism)에 상세하게 묘사되어 있다. 남자들의 승리는 곧 여자들의 종속을 의미했다. 특히 법의 발달에 관한 기록은 이 종속의 과정을 멋지게 증명하고 있다.

남성 지배는 자연스런 상태가 아니었으며 이웃 민족과 끊임없이 벌인 전투 과정에 필요하게 되었을 뿐이다. 전쟁이 벌어지는 동안에 남자에게 의미 있는 역할이 주어졌으며, 남자는 마침내 그 역할을 이용해 우위를 확고히 다졌다. 동시에, 남성 지배를 뒷받침할 바탕으로 사유재산과 상속법의 발달이 이뤄졌다. 그리하여 대체로 남자가 돈을 벌고 사물을 소유하는 위치에 서기에 이르렀다.

여자는 열등하다는 견해

남자는 자신의 지배를 정당화하기 위해 일반적으로 자신의 지위는 원래부터 그랬다는 식으로 주장하는 외에 여자는 열등한 존재라는 주장까지 폈다. 여자는 열등하다는 견해가 너무나 널리 퍼져 있기 때문에 마치 모든 인간 존재들이 그 같은 견해를 갖고 있는 것처럼 보인다. 이 견해와 더불어, 남자의 내면에서 어떤 불안이 발견되고 있다. 이 불안은 아마 여자가 남자에게 정말로 불안 요소로 작용했던 모계제도에 맞서 남자가 투쟁을 벌이던 시대 때부터 시작 되었을 것이다.

역사와 문학에서, 우리는 이런 종류의 암시를 지속적으로 만난다. 한 예로, 고대 로마 시대의 한 작가는 "여자는 남자의 파멸"이라고 말하고 있다. 교회 공회의에선 여자가 영혼을 갖고 있는가 하는 문제가 뜨거운 논의의 대상이 되었으며, 여자가 인간 존재인가 하는 문제를 다룬 학술적인 논문도 있었다. 여자를 화형에 처하기도 했던 마녀 사냥도 몇 세기 동안 이어졌다. 마녀 사냥은 이 문제와 관련해 그 시대에 엄청난 실수와 불안, 혼동이 일어났다는 사실을 증명하는 슬픈 증거이다.

여자들은 종종 세상에 존재하는 모든 악의 원인으로 그려진다. 원죄에 관한 '성경' 이야기도 그렇고, 호메로스(Homer)의 '일리아드'(Iliad)도 그런 시각을 보이고 있다. 이 이야기들을 보면, 민족 전체를 불행하게 만드는 데도 여자 한 사람이면 족하다. 모든 시대의 전설과 동화들은 여자들의 도덕적 열등과 사악한 행위, 악의, 기만, 변덕 등에 대한 이야기를 들려주고 있다. 심지어 법을 제정해야 하는 이유로 "여자의 경박"이 언급되기도 한다.

마찬가지로, 여자들은 능력과 실력 면에서도 평가 절하되고 있다. 모든 민족의 수사적 표현과 일화, 격언, 농담은 여자를 경시하는 비난으로 넘쳐나고 있다. 여자들은 걸핏하면 싸우려 들고, 약속을 잘 지키지 않고, 편협하고, 어리석다는 비난을 듣고 있다.

여자의 열등을 증명하는 데 날카로운 통찰력까지 동원되고 있다. 몇몇 인물을 꼽는다면, 아우구스트 스트린드베리(August Strindberg)와 아우구스트 뫼비우스(August Möebius), 아르투르 쇼펜하우어(Arthur Schopenhauer) 오토 바이닝거(Weininger) 등이 있다. 여기에 체념한 상태에서, 여자는 열등하고 따라서 종속되어야 한다는 견해를 공유하게 된 많은 여자들까지 더하면, 그 숫자는 더욱 늘어난다. 여자들의 일이 남자들의 일과 똑같은 가치를 지닐 때조차도 여자들은 남자들에 비해 형편없는 임금을 받는데, 이 같은 사실에서도 여자들의 낮은 자긍심이 드러나고 있다.

적성검사에서 수학 같은 일부 과목에서 소년들이 더 잘하고 언어 같은 과목에서는 소녀들이 더 잘하는 것으로 나타나는 것이 사실이다. 소년들은 정말로 남자들의 직업에 어울리는 과목에선 소녀들보다 더 잘한다. 그러나 이것은 단지 소년들의 적성이 그런 과목에 더 적절하다는 점을 보여줄 뿐이다. 만일 소녀들의 상황을 더욱 면밀히 검사한다면, 여자들의 능력이 남자들에 비해 떨어진다는 이야기는 진실처럼 보이는 거짓말일 뿐이고 하나의 신화일 뿐이라는 사실이 드러난다.

여자들은 열등하다는 편견을 깨뜨릴 추가적인 증거는 다양한 분야, 특히 문학과 예술, 기술과 의학 분야에서 두드러진 활동을 하는 여성들의 숫자이다. 여성들이 이 분야에서 이루는 성취는 남자들의 성취와 거의 똑같다. 덧붙여 말하자면, 성취는커녕 무능만 드러내는 남자들의 숫자도 너무나 많기 때문에 남자들은 열등하다는 신화 또한 그 못지않게 많은 증거로 뒷받침할 수 있다. 남자가 열등하다는 신화도 부당하기는 마찬가지이다.

여성적인 모든 것은 열등하다는 이 신화의 심각한 결과가 바로 우리가 일상적으로 쓰는 개념들에 나타나는 특이한 이분법이다. 남성적인 것은 그냥 이유도 없이 소중하고, 강하고, 우수한 것과 동일시되고 있으며, 여성적인 것은 순종적이고, 굽실거리고, 종속적인 것과 동일시되고 있다. 이런 식의 사고방식이 우리 문화에 너무나 깊이 뿌리박히게 되었다. 그 결과, 탁월한 모든 것은 남성의 특성으로 여겨지게 된 반면에 가치가 떨어지고 반대의 소지가 있는 모든 것은 여성의 특성으로 여겨지게 되었다. 잘 알려진 바와 같이, 남자들에게 가장 심각하게 받아들여지는 모욕이 "여자 같다"는 표현이다. 반면에 소녀들에게 나타나는 남자 같은 측면은 경멸스럽게 받아들여지지 않는다. 그러다 보니 여성을 떠올리게 하는 모든 것은 열등한 것으로 여겨지기에 이르렀다.

이 신화를 뒷받침하는 것으로 여겨지는 현상들을 유심히 관찰해 보면, 여자들이 발달을 방해받은 결과 나타난 현상에 지나지 않는다는 사실이 확인될 것이다. 우리는 모든 아이들을 "영재"나 매우 유능한 존재로 만들고 싶어 하기는커녕 정반대로 '재능이 없는' 사람으로 키우고 싶어 하는 것처럼 보인다. 물론 아이들을 무능한 존재로 만들었다고 자책하는 사람은 한 사람도 없다. 모두가 다른 사람들이 아이들을 망쳐놓았다고 손가락질을 할 뿐이다. 오늘날 소녀들이 소년들보다 이런 불행한 운명을 더 자주 맞는 것 같다. 한때 재능을 타고난 것처럼 보였던 아이가 훗날 "무능한" 아이로 변하는 경우가 이따금 있다. 그런 아이를 보고 있으면 아이 자체가 바뀐 것이 아닌가 하는 의심이 들기도 한다.

아이들에게 미치는 영향

모든 제도와 전통, 법, 도덕, 관습은 남자들의 특권적인 지위를 증명하고 있다. 이 모든 것들은 남자들에게 유리하게 작용하고 있고 또 남자들에 의해 지켜지고 있다. 이 요소들은 가정의 육아실까지 침투해 아이의 정신에 엄청난 영향력을 행사하고 있다. 성인들의 눈에는 이 요소들이 남자들에게 유리하게 작용하고 있다는 사실을 아이가 모를 것처럼 보이지만, 아이는 그 같은 사실에 아주 민감하게 반응한다.

소녀의 옷을 입으라는 요구에 심하게 짜증을 내는 소년의 예를 떠올려보라. 이 예는 우리로 하여금 이런 여러 가지 요소들이 남성 지배적인 사회에 미치는 영향을 깊이 분석하도록 만든다. 이 분석은 또 다른 측면에서 권력 추구 노력을 고려하도록 할 것이다.

주위 사람들의 인정을 받으려는 소년의 노력이 어느 선에 이르기만 하면, 소년은 곳곳에서 보이는, 남자들의 특권을 보장할 것 같은 경로를 택할 것이다. 오늘날의 가정교육은 권력 추구를 강화하는 쪽으로 이뤄지고 있으며, 따라서 남자의 특권을 소중하게 여기고 그 특권을 갈망하는 경향도 더 강해지고 있다.

남자의 특권이 소중하게 여겨지는 이유는 대체로 남자, 즉 아버지가 아이에게 권력의 상징으로 다가오기 때문이다. 아버지가 출퇴근을 하느라 집을 나갔다가 들어오는 것이 아이에겐 신기하게 느껴지는데, 아버지는 이런 모습을 통해 아이의 관심을 어머니에 비해 훨씬 더 많이 불러일으킨다.

곧 아이는 아버지가 집안에서 맡고 있는 압도적인 역할을 알아차린다. 아버지가 집안의 분위기를 좌지우지하고, 온갖 대책을 마련하고, 집안의 모든 일을 주도하기 때문이다. 아이는 모든 가족이 아버지의 명령을 따르고 어머니가 끊임없이 아버지를 들먹이는 것을 본다. 아이에겐 남자가 모든 면에서 강하고 권력 있는 존재로 보인다. 일부 아이들에겐 아버지가 너무나 권위적으로 비치기 때문에 이 아이들은 아버지가 하는 말이면 무엇이든 신성하다고 믿으면서 자신의 주장을 강화할 목적으로 종종 "아버지께서 그러셨어."라는 식으로 대답한다.

아버지의 영향력이 이만큼 분명하지 않은 가정에서도, 아이들은 아버지가 더 높은 위치에 서 있다는 인상을 받는다. 실제로 보면 분업 때문에 아버지가 자신의 자원을 보다 잘 이용할 기회를 누리고 있을 뿐인데도 아이들의 눈에는 가족의 모든 부담이 아버지의 어깨에 얹혀 있는 것처럼 비치기 때문이다.

자라나는 아이는 이런 주제에 관한 책을 읽을 필요조차 없다. 이런 문제에 대해 아는 것이 하나도 없다 하더라도, 아이는 남자가 돈을 벌고 특권을 누리는 쪽이라는 사실을 몸으로 느낄 것이기 때문이다. 분별 있는 아버지들과 어머니들이 평등권을 선호하면서 전통적으로 내려오는 이런 특권을 기꺼이 버리려 할 때조차도, 아이는 남자가 특권을 누리는 쪽이라는 사실에 따른 결과를 느끼게 되어 있다. 이런 환경에 사는 아이에게 가사를 책임지고 있는 어머니도 아버지와 동등한 권리를 갖는 파트너라는 점을 설명하는 것은 정말 어려운 일이다.

어떤 소년이 태어나는 첫날부터 눈앞에서 남성 지배 현상을 보며 자란다는 사실이 그 아이에게 어떤 의미를 지닐 것인지 한번 상상해보라. 소년은 세상에 태어나는 순간부터 소녀에 비해 주변 사람들로부터 더 따뜻하게 환영을 받으며, 어딜 가나 왕자 같은 대접을 받는다. 부모가 아들을 선호한다는 사실은 널리 잘 알려져 있다. 소년은 남자 후손으로서 걸음마다 자신이 선호되고 보다 소중한 존재로 여겨진다는 느낌을 받는다. 주변 사람들이 소년에게 하는 말이나 소년이 듣는 말은 소년에게 남자의 역할의 중요성을 거듭 암시한다.

소년은 같은 지붕 아래에 사는 여자들이 제대로 평가받지 못하는 일을 맡고 있는 현실에서도 남자가 우월하다는 '원칙'을 확인하게 된다. 이런 현실을 보면서 소년은 자신과 같은 환경 안에 사는 여자들은 항상 남자들과 동등한 가치를 주장하지는 않는다고 믿게 된다. 여자들은 보통 종속적이고 열등한 역할을 맡는 것으로 비치게 되는 것이다.

아이는 이 같은 관계에서 비롯되는 온갖 상황들을 경험한다. 그 결과, 여자의 본질에 관한 그림들과 견해들이 무수히 많이 나오게 된다. 이 그림들과 견해들 속에서 여자는 대체로 초라한 모습으로 나타난다. 이리하여 소년의 심리적 발달은 남성 지배의 틀을 따르게 된다. 소년이 권력 추구의 과정에서 바람직한 목표로 느끼는 것은 거의 언제나 남성적인 특징과 태도이다.

앞에 설명한 권력 관계로부터 일종의 남성적인 미덕이 생겨난다. 여기서 비롯되는 일부 성격적 특징들은 "남자다운" 것으로 여겨지고, 다른 성격적 특징들은 "여자다운" 것으로 여겨진다. 그럼에도 이런 식의 평가를 뒷받침하는 근본적인 사실은 전혀 없다.

소년과 소녀를 비교하면서 이 같은 분류가 타당하다는 느낌을 받을 때에도, 우리는 그걸 두고 자연적인 사실이라는 식으로 말하지 못한다. 그보다는 일부 사람들, 다시 말해 이미 어떤 틀에 얽매여 있고 또 삶의 계획이 편향적인 권력 성향 때문에 아주 좁아진 사람들에게서 그런 현상이 나타난다고 말하는 것이 타당하다. 이 권력 성향이 그들로 하여금 그런 식으로 발달을 추구하도록 만드는 것 같다.

따라서 남성적인 성격적 특징과 여성적인 성격적 특징을 구분하는 것은 타당하지 않다. 우리는 두 가지 종류의 특징들이 똑같이 권력 추구에 이바지할 수 있다는 사실을 확인하게 될 것이다. 말하자면 사람은 "여성적인" 수단, 예를 들어 순종과 복종을 통해서도 권력을 행사할 수 있는 것이다. 순종적인 아이는 순종적인 태도를 이용해 반항적인 아이보다 훨씬 더 앞으로 나갈 수도 있다. 이 경우에 순종적인 아이나 반항적인 아이나 똑같이 권력을 위한 노력을 벌이고 있다고 할 수 있다. 이렇듯 사람들이 권력을 추구하면서 타인을 지배하기 위해 동원하는 성격적 특징들이 너무나 다양하기 때문에, 어떤 사람의 내면을 정확히 알기가 훨씬 더 어려워진다.

소년은 나이가 들어갈수록 남자답다는 식으로 인정받는 것을 거의 의무로 느끼게 된다. 소년의 야망과 권력 및 우월 추구는 두 가지 요소가 서로 완벽하게 결합하면서 남자다움을 추구할 의무와 거의 동일해진다. 권력을 추구하는 많은 아이들은 단순히 남자다움에 대한 자각을 자신의 내면에만 담아두는 것으로 만족하지 않는다. 아이들은 언제나 자신이 남자이고 따라서 특권을 누려야 한다는 점을 드러내 보이고 또 그걸 증명하길 원한다. 한편으로 아이들은 언제나 뛰어나기 위해 노력하는 과정에 자신의 남자다운 성격적 특징들을 과장하며, 다른 한편으론 주위의 여자들에게 반항이나 사기성 농후한 간교함을 통해서 자신의 우월을 드러내려고 노력한다.

모든 사람이 특권을 누리는 남자다움이라는 이상(理想)에 의해 평가되기 때문에, 이 평가가 언제나 소년에게 맞춰져 있고, 그래서 소년이 그 같은 이상을 기준으로 자신을 평가한다 해도 그리 놀라운 일이 아니다. 소년은 자신의 행동이 언제나 남자다운지, 자신이 이미 충분히 남자다운지를 스스로에게 물으며 점검할 것이다.

오늘날엔 "남자다운" 것으로 여겨지는 모든 것들이 아주 친숙하다. 무엇보다도, 순전히 이기적인 그 무엇, 자기애를 만족시키는 그 무엇(즉 우월), 다른 사람들보다 탁월한 그 무엇 등이 있다. 이런 요소들에 외에도 용기와 힘, 자만심, 온갖 종류의 승리에 관한 기억들(특히 여자들을 이긴 기억), 공직이나 명예나 타이틀의 성취, "여자다운" 충동에 맞서 스스로를 강화하려는 경향 등과 같은 능동적인 특성도 있다. 이런 요소들이 서로 결합하며 작용한 결과, 개인적 우월을 확보하려는 노력이 지속적으로 전개되기에 이르렀다. 우월한 것이 남자다운 것으로 여겨지기 때문이다.

따라서 소년은 성인 남자들, 특히 자기 아버지를 본보기로 삼으면서 아버지의 특성을 채택할 것이다. 이런 식으로 인위적으로 배양되는 훌륭함이라는 관념의 흔적은 곳곳에서 확인된다. 소년은 일찍부터 스스로의 힘으로 권력과 특권을 많이 확보하고 싶은 유혹을 받는다. 권력과 특권이 소년에겐 "남자다움"을 의미하기 때문이다. 그러나 잘못될 경우에 이 남자다움은 곧잘 무례와 잔인함으로 바뀌고 만다.

남자다움이 자주 안겨주는 혜택은 큰 유혹으로 작용하며, 따라서 많은 소녀들도 남자다움이라는 이상의 영향을 받게 된다. 이 같은 영향은 성취 불가능할 만큼 큰 소녀들의 욕망에서, 소녀들의 행동을 평가하는 기준에서, 또는 소녀가 겉으로 보여주려는 태도에서 드러난다. "문화 전반에 걸쳐서 모든 여자가 남자가 되기를 원할 것이다." 여기엔 육체적 특성 때문에 소년에게 더 적절한 놀이와 활동을 충동적으로 더 좋아하는 소녀들도 포함된다. 이런 소녀들은 나무에 올라가고, 소년들과 어울려 돌아다니길 좋아하고, 여성적인 모든 일을 모욕으로 여겨 거부한다. 이런 소녀들은 오직 남자 같은 활동에서만 만족을 얻는다. 이 모든 현상은 남자다움을 선호하는 분위기에 의해 이해될 수 있다. 여기서 우리는 탁월한 지위를 노리는 노력, 즉 우월 노력이 삶의 현실이나 실질적인 지위보다 외관 쪽으로 기우는 것을 분명히 보고 있다.

소녀는 걸음마다, 말하자면 매일, 다양한 방식으로 여자들은 무능해서 쉽고 종속적인 일에만 어울린다는 소리를 귀가 따갑도록 듣는다. 틀림없이, 그런 판단의 정확성을 따질 수 없는 어린 소녀는 여자의 무능력을 여자의 피할 수 없는 운명으로 여기고, 또 최종적으로 자신의 무능을 믿게 될 것이다. 이런 식으로 용기를 잃게 된 소녀는 수학 같은 과목에 관심을 충분히 쏟지 않게 되거나 그런 과목에 대한 흥미를 잃게 될 것이다. 그리하여 그녀는 내적 준비와 외적 준비를 똑같이 갖추지 못하게 된다.

그런 상황에서 여자의 무능을 뒷받침할 증거로 제시되는 것들은 당연히 맞는 것처럼 보일 것이다. 그러나 그 증거는 두 가지 이유로 실수에 지나지 않는다. 첫 번째 이유는 사람의 가치가 순전히 경영의 관점에서, 다시 말해 자신의 이익 추구라는 일방적인 관점에서 수행력만을 근거로 평가되고 있다는 점이다. 자신의 이익 추구라는 이기적 관점에서 보면, 수행력과 적성이 심리적 발달과 어느 정도 깊이 연결되어 있는가 하는 문제는 쉽게 간과될 수 있다.

이보다 더 중요한 두 번째 이유는 소녀는 어린 시절부터 자신에 대한 믿음과 자신감을 너무나 쉽게 깨뜨려 놓을 신화를, 다시 말해 일을 유능하게 처리할 수 있다는 소녀의 희망을 크게 훼손시키게 마련인 그런 신화를 접하고 있다는 사실이다. 소녀가 성장하면서 여자들에게 종속적인 역할만 주어지는 것을 자신의 눈으로 봄에 따라, 소녀의 내면에서 이 신화에 대한 믿음이 더욱 강화될 수 있다. 그럴 경우에 소녀가 용기를 잃고, 현실에서 더 이상 능력을 발휘하지 않으려 들고, 그러다 마지막엔 삶의 과제로부터 뒤로 물러서게 될 것이라는 점은 쉽게 이해될 것이다. 그렇게 되면 소녀는 당연히 부적절하고 쓸모없는 존재가 된다.

우리가 누군가를 만나서 그 사람에게 우리 모두의 일치된 판단이라는 말과 함께 '당신은 앞으로 훌륭한 일을 절대로 해내지 못할 것이다.'라는 식으로 부정적인 인상을 심어 준다고 가정해보자. 그런데 우리가 이런 식으로 그 사람의 용기를 죽여버린 이후로 정말로 그가 자신의 실력을 제대로 발휘하지 못하고 있다. 이런 일이 벌어진다면, 우리의 판단이 맞았다고 말하는 것은 타당하지 않다. 그보다 먼저 우리가 그 사람이 불행해지도록 만들었다는 점을 인정해야 한다.

우리 문화에서 소녀가 자신감과 용기를 갖는 것은 쉽지 않은 일이다. 덧붙여 말하자면, 적성 검사에서 14-18세 사이의 소녀들 중 특별한 한 집단이 소년들을 포함한 다른 모든 집단들보다 우수하다는 '이상한' 사실이 확인되었다. 이 집단의 소녀들은 모두 어머니 또는 다른 여자가 혼자서 독립적인 직업을 가진 가족의 소녀들이었다. 이는 곧 이 소녀들은 여자들은 능력이 떨어진다는 신화를 느끼지 않았거나 덜 느끼는 상황에서 성장했다는 것을 의미한다. 이 소녀들은 집에서 자기 어머니가 자신의 능력을 통해서 어떤 식으로 앞으로 나아가는지를 볼 수 있었기 때문이다. 이 소녀들은 자신을 보다 자유롭고 독립적으로, 여자의 능력은 떨어진다는 신화의 방해를 거의 받지 않은 가운데서 발달시킬 수 있었던 것이다.

여자들에게 미치는 영향

남성의 지배는 여자들의 심리적 발달에 심각한 장애를 야기했다.

그 결과, 여자들은 거의 예외 없이 자신의 역할에 불만을 품게 되었다. 여자들은 지위 때문에 곧잘 열등감을 강하게 느끼는 그런 인간 존재들과 똑같은 조건에서 활동하고 있고 또 똑같은 경로로 움직이고 있다. 이런 가운데 여자는 열등하게 태어난다는 신화가 여자들의 심리적 발달을 추가로 저해하고 있다.

그럼에도 불구하고 다수의 소녀들이 조금이라도 만족스런 보상을 발견한다면, 그것은 그들의 성격적 발달과 지능, 그리고 어떤 '특권' 때문일 것이다. 그러나 이 '특권'은 단지 한 가지 실수는 곧 다른 실수를 낳는다는 사실만을 보여줄 뿐이다. 이 특권은 면제나 사치, 혹은 여성에 대한 친절이다. 이런 요소들은 적어도 겉으로 보기엔 여성에 대한 존중을 가장함으로써 특혜처럼 보인다. 그러나 최종적으로 보면, 여자들도 이상화되고 있으며 이 이상은 남자에게 유리하게 창조된 그런 여자의 이상일 뿐이다. 프랑스 소설가 조르주 상드(George Sand)가 이 같은 현실을 아주 적절하게 표현했다. "여자들의 미덕, 그것은 남자들의 멋진 발명품이라는 점이다!"

여자의 역할에 반대하는 투쟁에서, 대체로 3가지 유형의 여자들이 확인된다. 한 유형은 적극적이고 "남자다운" 방향으로 발달할 것이다. 이 유형의 여자들은 대단히 활력적이고, 야심차고, 최고의 성공을 거두려고 분투하게 된다. 이 여자들은 남자 형제와 남자 친구들을 능가하려고 노력하고, 남자들이 차지하던 직업을 더 좋아하고, 온갖 종류의 스포츠에 가담할 것이다. 이런 여자들은 종종 사랑과 결혼 관계를 거부한다. 어쩌다 그런 관계를 맺기라도 하면, 그들은 두 사람의 관계를 지배하는 파트너, 다시 말해 상대방보다 우월한 파트너가 되려고 노력할 것이기 때문에 결과적으로 사랑이나 결혼 관계를 방해하게 된다. 그들은 모든 집안일을 혐오한다는 점을 솔직히 직접적으로 밝히거나 집안일에 재능이 없다는 식으로 간접적으로 밝힌다.

이런 유형의 여자들은 일종의 남성성을 통해서 자신의 약점을 보완하려고 시도한다. 여자의 역할을 받아들이지 않으려는 태도는 이 유형의 기본적인 특성이다. 이 유형의 여자들은 가끔 "남자 같은 여자"로 불린다. 그러나 이 같은 표현은 소녀들이 그런 태도를 취하도록 강요하고 있는 타고난 내면의 요소, 즉 남성적인 본질을 가진 어떤 요소를 잘못 인식한 데 따른 것이다.

모든 문화사는 여자가 지금도 당하고 있는 압박과 제한이 사람으로서 견딜 수 없는 수준이기 때문에 여자가 반란을 일으킬 수밖에 없다는 점을 보여주고 있다. 만일 그 반란이 사람들에게 "남자 같다"는 인상을 주는 방향으로 일어난다면, 그것은 사람이 이 세상에서 발견할 수 있는 길들은 어쨌든 두 가지밖에 없다는 사실 때문이다. 여자의 이상적인 태도를 따르거나 남자의 이상적인 태도를 따르거나 둘 중 하나를 선택하는 방법뿐인 것이다. 따라서 여자의 역할에서 벗어난 모든 것은 남자처럼 보이게 되어 있으며, 그 반대도 마찬가지이다. 이는 내면세계의 신비한 본질 때문이 아니라 공간적으로나 심리적으로 그 외의 다른 길이 가능하지 않기 때문이다. 그러므로 우리는 소녀의 발달 자체가 곤경 속에서 이뤄지고 있다는 점을 늘 명심해야 한다. 여자들에게 남자들과 동등한 권리가 주어지지 않는 이상, 우리는 삶과의 완전한 조화를, 우리 문화의 사실들과의 완전한 조화를, 또 함께 사는 우리의 삶의 형식들과의 완전한 조화를 기대하지 못한다.

또 다른 유형의 여자는 체념한 상태에서 삶을 살아가고 있으며, 놀라울 정도의 적응과 복종, 겸양을 보인다. 겉으로 보기에 그런 여자들은 어디에나 적절할 것처럼 보이고 무엇이든 하려 할 것이다. 그러나 너무 소심하고 너무 어리석은 탓에 그런 여자들은 어떠한 성과도 거두지 못하고 따라서 주변 사람들은 그들에게 의심의 눈길을 보내게 된다. 아니면 그런 여자들은 신경증적 징후를 보이면서 자신의 약함을 공개적으로 드러내고 자신을 특별히 배려해 줄 것을 요구할 것이다. 그렇게 함으로써, 그런 여자들은 본성을 무시하는 인위적인 훈련이 대체로 신경증을 낳게 되고 또 사람을 사회적 삶을 수행하지 못하는 존재로 만들어 버린다는 점을 보여준다. 그런 여자들은 세상에서 가장 선한 사람들로 여겨지지만 불행하게도 그들은 병에 걸려 사회의 요구에 부응하지 못하게 된다. 결국 그들은 자신의 환경을 만족시키지 못한다. 그들의 순종과 겸양, 자기규제는 첫 번째 유형에서 확인한 것과 똑같은 반란에 바탕을 두고 있다. 그런 여자들은 이렇게 말하고 있는 것 같다. "이건 결코 즐거운 삶이 아니야.”

세 번째 유형은 여자의 역할을 거부하지 않는 가운데 열등한 존재로서 자신은 종속적인 역할을 맡도록 저주받았다는 괴로운 자각을 내면에 분명히 품고 있는 사람들이다. 이 유형의 여자들은 여자의 열등을 전적으로 받아들일 뿐만 아니라 능력이 요구되는 일은 남자만 할 수 있다는 믿음도 갖고 있다. 그래서 이런 여자들은 남자의 특권적인 지위를 옹호한다. 이런 유형의 여자들은 그렇게 함으로써 모든 능력을 남자에게로 돌리고 또 남자에게 특별한 지위를 부여할 것을 요구하는 목소리에 힘을 보탠다. 그들은 자신이 약하다는 감정을 너무나 뚜렷이 드러낸다. 그런 모습을 지켜보고 있으면, 그들이 다른 사람들로부터 자신의 약함을 인정받길 원하고 또 동시에 지원을 요구하고 있다는 인상을 지우기 어렵다. 그러나 이런 태도도 오랫동안 준비한 반란에서 터져 나온다.

어떤 여자가 결혼한 다음에 자신이 해야 할 의무를 지속적으로 남편에게 넘긴다면, 그 여자는 아마 이 유형일 것이다. 그녀는 아마 자기 남편에게 남자만이 그런 일을 해낼 수 있다는 점을 공개적으로 인정할 것이다.

여자의 역할에 대한 불만은 보다 “고상한” 이유로 삶을 멀리하는 소녀들의 내면에서 더욱 극단적인 형태로 나타난다. 예를 들면 수녀원에 들어가는 소녀들이나 금욕과 관계있는 일을 찾는 소녀들이 있다. 이런 여자들은 여자의 역할과 타협하지 못하고, 그래서 현실적인 일에 대한 준비를 사실상 포기하는 여자들의 부류에 속한다. 많은 소녀들은 지나치게 안이하게 결혼하는 것을 막아줄 것처럼 보이는 독립을 확보하기 위해 아주 일찍부터 직업을 원한다. 이 같은 태도에도 여자의 역할에 대한 전통적 혐오가 원동력으로 작용하고 있다.

결혼 관계라면 대체로 소녀가 여자의 역할을 자발적으로 받아들이는 것으로 여겨지지만, 결혼조차도 소녀가 여자의 역할과 타협을 이뤘다는 점을 뒷받침하는 증거가 아닌 경우가 종종 있다.

여자의 열등을 강조하는 신화에도 불구하고, 삶에서 가장 중요하고 힘든 과제 중 하나인 자녀 양육은 거의 전적으로 여자에게 맡겨지고 있다. 현실이 이렇다면, 앞에서 설명한 3가지 유형은 어떤 부모가 될 것이며, 그들은 서로 어떻게 다를까?

삶에 남자 같은 태도를 취하는 첫 번째 유형은 독재자처럼 지배할 것이고, 큰 소리를 지르거나 지속적으로 아이들을 처벌하느라 바쁠 것이다. 그렇게 함으로써 아이들에게 엄청난 압박감을 행사할 것이고, 자연히 아이들은 그 압박에서 벗어나려고 노력할 것이다. 이런 식의 양육은 기껏해야 아이들에게 전혀 아무런 소용이 없는 훈련만 시키는 결과를 낳을 것이다. 아이들은 대체로 그런 어머니를 자신들을 기를 능력을 갖추지 못한 사람으로 여긴다. 모든 소란과 소동, 언쟁은 매우 나쁜 영향을 미친다. 또 소녀들은 자기 어머니를 모방하고, 소년들은 평생 동안 여자에 대한 두려움을 안고 살 위험이 있다. 그런 어머니의 지배 하에서 자란 남자들 중에서, 마치 괴로움 예방 접종을 한 사람처럼 여자를 슬슬 피하고 여자를 믿지 못하는 남자들이 의외로 많다. 그래서 남녀 간에 영원한 불화가 일어나는데, 우리는 이런 현상을 분명히 병적이라고 생각한다. 그런 현상 앞에서도 바보처럼 "남성적인 본질과 여성적인 본질의 그릇된 분배" 운운하는 사람들이 있다.

다른 두 가지 유형의 여자들도 아이 양육에 똑같이 실패한다. 한 유형은 비관적인 태도를 너무나 분명하게 드러낼 것이기 때문에 아이들도 자기 어머니가 자신감을 결여하고 있다는 사실을 금방 눈치 챈다. 그렇게 되면 어머니가 아이들을 감당하지 못하는 상황이 벌어진다. 어머니는 아버지에게 일러주겠다는 식으로 끊임없이 경고를 남발할 것이다. 그러나 어머니는 언제나 남편을 언급함으로써 자신에겐 아이들을 성공적으로 키울 능력이 없다는 점을 드러낸다. 따라서 그녀는 어머니로서의 역할을 포기할 생각을 한다. 그러면서 남자만 유능하기 때문에 아이를 키우는 책임도 남자가 져야 한다는 식의 태도를 보일 것이다. 아니면 이런 여자들은 자신은 완전히 무능하다고 느끼면서 아이를 교육시키는 행위 자체를 거부하고 그 책임을 남편이나 가정교사에게 넘길 것이다.

이 맥락에서, 여자들을 얕잡아보며 비판할 빌미를 자주 제공하는 또 다른 현상에 대해 언급하고 싶다. 소위 50세를 전후한 위험한 연령을 짚고 넘어가고 싶다. 이 나이가 되면 일부 심리적 현상과 변화가 두드러지게 나타난다. 육체적 변화들이 여자에게 그때까지 힘들여 지켜왔던 중요성을 잃을 수 있다는 점을 암시하게 된다. 이처럼 악화된 조건에서, 50세 전후의 여자는 그때까지 자신에게 도움이 되었던 모든 것을 지키기 위해, 그리고 자신의 위치를 간직하기 위해 노력을 증대시킬 것이다.

성취에 대한 믿음이 팽배한 현재의 우리 문화에서, 노인들은 예외 없이 힘든 시대를 살고 있으며, 이는 여자들에게 특히 더 나쁘게 적용되고 있다. 나이든 여자들의 가치를 완전히 훼손시키는 손상은 우리 모두에게 또 다른 형식으로 영향을 미친다.

우리의 삶에 대한 평가는 하루 단위로 이뤄질 수 없다. 어떤 사람이 평생 동안 이룬 성취는 그 사람이 힘과 효율성을 잃을 때에 그 사람의 것으로 돌려질 수 있어야 한다. 어떤 사람이 늙었다는 이유 하나만으로 그 사람을 심리적 및 물질적 연결로부터 배제해서는 절대로 안 된다. 이런 일이 늙은 여자들에게 일어나는 과정이 특별히 더 모욕적이다. 자라나고 있는 소녀가 50세 전후의 나이에 대해 생각하며 느낄 불안을 상상해보라. 그 소녀도 언젠가는 그런 현실과 맞닥뜨려야 할 것이니 말이다. 한 사람의 여자가 되는 것은 50년째 되는 해에 소멸되는 그런 것이 절대로 아니다. 이 나이를 넘겨도 인간의 존엄은 절대로 약해지지 않고 계속되며 또 반드시 보호되어야 한다.

구체적인 예와 치료

여자의 역할과 조화를 이루지 못한 전형적인 한 예는 다양한 신경증 증세를 보인 36세 기혼 부인이다. 그녀는 나이 많은 남자와 대단히 지배적인 여자 사이에 맏딸로 태어났다. 매우 아름다운 소녀였던 그녀의 어머니가 나이가 자기보다 한참 더 많은 남자와 결혼했다는 사실은 여자의 역할에 대한 반대가 작용하면서 남편을 선택하는 데 영향을 미쳤다는 점을 암시한다. 정말로 그 결혼은 훌륭한 결혼이 아니었다.

그녀가 성장한 가족의 분위기는 이랬다. 어머니는 말을 할 때면 언제나 소리를 질렀으며 다른 사항은 고려하지 않고 자신의 뜻을 반드시 관철시켰다. 늙은 아버지는 언제나 코너로 몰렸다. 이 환자의 말에 따르면, 그녀의 어머니는 남편이 휴식을 취하기 위해 벤치에 눕는 것조차도 허락하지 않았다. 그녀의 어머니는 언제나 자신이 정해 놓은 원칙에 따라 집안일을 꾸렸으며 그 원칙은 누구도 위반하지 못했다.

나의 환자는 매우 유능한 아이로 성장했으며, 그러는 과정에 아버지의 귀여움을 많이 받았다. 반면에 그녀의 어머니는 딸에게 만족하는 예가 없었으며, 언제나 딸의 반대자였다. 그러다 아들이 태어나자, 어머니는 아들을 총애했으며 그때부터 나의 환자와 어머니의 관계는 더 이상 참을 수 없는 지경에 이르렀다. 그러나 소녀는 아버지가 자신의 지지자라는 사실을 잘 알고 있었다. 그녀의 아버지는 다른 일에서는 게으르고 아내 말에 순종할지라도 딸에 관한 문제에서만은 맹렬히 저항하는 모습을 보였다.

소녀는 어머니와 끈질기게 투쟁을 벌이다가 그만 어머니를 미워하는 단계에까지 이르고 말았다. 소녀가 공격 표적으로 삼은 것은 너무나 심각한 어머니의 결벽증이었다. 당시 그녀의 어머니는 하인이 문의 손잡이를 건드리기라도 하면 손잡이를 반드시 다시 닦아야 했을 정도로 결벽증이 심했다. 소녀는 주변을 지저분하게 어지럽히고 최대한 단정치 않게 해 다니고 모든 것을 더럽혔다. 그녀는 자기 어머니가 기대하는 것과 정반대의 특성만을 발달시켰다. 이는 인간의 성격적 특성은 타고나는 것이라는 가설을 정면으로 반박하는 내용이다. 만일 어떤 아이가 자기 어머니를 미칠 만큼 화나게 만들 그런 성격만을 발달시킬 수 있다면, 그것은 의식적 또는 무의식적 계획이 있어야만 가능하다. 둘의 싸움은 지금도 계속되고 있으며, 그 적대감은 더 이상 심할 수 없을 만큼 치열하다.

나의 환자가 여덟 살일 때, 대략 다음과 같은 상황이 벌어지고 있었다. 아버지는 언제나 딸의 편이었으며, 어머니는 언제나 심각하고 화난 표정을 지으면서 꾸지람과 독한 말을 일삼았다. 딸은 화를 잘 냈고, 대꾸가 빨랐고, 어머니의 온갖 노력에 비상한 재치로 응수했다. 그녀의 남동생, 말하자면 어머니의 총애를 받으며 마찬가지로 버릇없이 자라던 아이가 심장판막 장애로 쓰러졌을 때, 상황은 더욱 악화되었다. 이를 계기로 어머니는 아들을 보살피는 일에 전념하게 되었다. 여기서 그녀의 부모가 아이들을 양육하는 문제와 관련해서 끊임없이 불화를 일으켰다는 점을 지적해야 한다. 나의 환자가 소녀일 때 자란 환경은 대충 그런 분위기였다.

어느 날 나의 환자는 신경증 질환을 심각하게 앓는 것처럼 보였다. 어느 누구도 이유를 설명할 수 없는 증세였다. 그녀는 자기 어머니에 대한 사악한 생각 때문에 끊임없이 힘들어하고 있었다. 그녀의 판단엔 어머니가 모든 면에서 그녀를 방해하고 있는 것 같았다. 그러다 갑자기 그녀는 종교에 심취했지만 별다른 치료 효과를 누리지 못했다. 얼마 뒤 어떤 약의 효과로 사악한 생각들이 많이 약해졌지만, 아마 그녀의 어머니가 다소 방어적인 자세를 취하지 않을 수 없었을 것이다. 그녀에겐 이제 그 생각들의 파편만 남았다. 뇌우에 대한 공포였다. 소녀는 뇌우가 일어나는 것은 오직 자신이 나쁜 생각을 품었기 때문이며 자신의 사악한 생각 때문에 언젠가 뇌우가 자신에게 큰 재앙이 될 것이라고 믿었다. 이 대목에서 이 소녀가 어머니에 대한 증오로부터 벗어나기 위해 어떤 식으로 노력하고 있는지가 확인된다.

소녀의 발달은 이런 식으로 계속되었으며, 소녀는 어쨌든 밝은 미래를 앞에 두고 있는 것처럼 보였다. 그러던 중 언젠가 그녀는 어느 선생이 하는 말에 특별히 강한 인상을 받았다. "이 소녀는 하겠다고 마음만 먹으면 무엇이든 할 수 있을 거야." 이 말 자체는 별다른 의미를 지니지 않는데도 소녀에겐 이런 뜻으로 들렸다. "소녀는 뭔가를 완수하기를 원하면 그걸 반드시 해낼 수 있을 거야." 이런 관점을 갖게 된 결과, 소녀는 어머니를 상대로 한 싸움에 더욱 몰입하게 되었다.

사춘기로 접어들면서, 그녀는 아름다운 소녀로 성장했으며 결혼 적령기를 맞아 많은 구혼자를 두게 되었다. 그러나 그녀는 관계를 맺을 모든 기회를 특별히 날카로운 독설로 거듭 깨뜨렸다. 그러던 그녀이지만 이상하게도 이웃의 한 늙은 남자에게만은 유독 강하게 끌리고 있었다. 저러다가 그녀가 이 늙은이와 결혼하는 게 아닌가 하는 우려를 낳을 정도였다. 그러나 이 남자도 조금 뒤에 그녀의 곁을 떠났으며, 소녀는 그 후로 스물여섯 살까지 구혼자 없이 지냈다.

그녀의 주위엔 이런 경우가 매우 드물었으며, 누구도 그녀의 이력을 모르고 있었기 때문에 그녀가 그런 처지에 놓인 이유를 이해하지 못했다. 어린 시절부터 자기 어머니를 상대로 힘든 전투를 벌이는 동안에, 그녀는 화합이 불가능할 만큼 호전적인 존재가 되어버렸다. 싸운다는 것은 곧 그녀가 승리를 거두는 입장에 설 수 있다는 것을 의미했다. 그녀는 자기 어머니의 행동에 화를 내면서 끊임없이 승리를 추구했다. 그녀는 격한 언쟁을 일삼았다. 이는 그녀의 자만심을 보여주는 태도였다. 그녀의 "남성적인" 태도는 그녀가 상대편을 누르는 게임을 선호한다는 데서도 드러났다.

26세에 그녀는 꽤 괜찮은 남자를 만났다. 이 남자는 그녀의 호전적인 태도에도 아랑곳하지 않고 그녀에게 끈질기게 구애했다. 그는 매우 순종적으로 행동했다. 그녀는 친척으로부터 그 사람과 결혼하는 게 좋겠다는 조언을 들은 뒤에도 거듭해서 자신은 그 사람을 대단히 싫어한다고 공언하면서 그와의 결합은 좋은 결실을 맺지 못할 것이라는 식으로 말했다. 그녀의 태도에 비춰볼 때 그런 예언은 그다지 이상하게 들리지 않았다. 2년간의 저항 끝에, 그녀는 마침내 그의 구애를 받아들이면서 자신이 원하는 것이면 무엇이든 다 해 줄 그런 노예를 하나 구했다는 믿음을 강하게 품었다. 그러면서 그녀는 은근히 그 사람이 언제나 자신에게 굴복했던 자기 아버지의 판박이였으면 좋겠다는 희망을 품었다.

그러나 그녀는 곧 자신의 판단이 틀렸다는 사실을 깨달았다. 결혼하고 며칠 지나지 않아, 그녀의 남편은 거실에서 편안한 자세로 앉아 신문을 읽으면서 담배를 피우곤 했다. 그는 오전에 사무실로 사라졌다가 저녁 시간이 되면 어김없이 돌아와 식사가 준비되어 있지 않으면 투덜거렸다. 그는 청결과 애정, 시간 엄수를 요구했다. 그녀의 입장에서 보면 모두가 부당한 요구였으며, 그녀도 그런 요구에 전혀 준비가 되어 있지 않은 상태였다.

두 사람 사이에 형성된 관계는 그녀와 그녀의 아버지 사이의 관계와 영 딴판이었다. 이것은 꿈을 꾸고 있던 그녀를 마구 흔들어 깨워놓은 사건이었다. 그녀의 요구가 커질수록, 남편이 아내의 요구를 들어주려는 마음은 더욱더 약해져갔다. 또 남편이 아내에게 주부의 역할을 강조하고 나설수록, 아내는 주부의 역할을 더욱 등한시했다. 그녀는 남편에게 그런 요구를 할 권리가 전혀 없다는 점을 끊임없이 상기시켰다. 결혼을 하기 전에 이미 그녀가 그를 좋아하지 않는다는 점을 명백히 밝혔다는 이유에서였다.

그러나 남편은 아내의 경고에 별다른 인상을 받지 않았다. 그는 아내에게 여러 가지 요구를 계속했다. 그런 상황에서 그녀로서는 미래를 매우 암울하게 보지 않을 수 없었다. 성실한 편이었던 이 남자는 눈이 멀어 자신을 망각한 상태에서 그녀에게 구애를 했으나 그녀를 아내로 맞은 뒤 제정신을 다시 찾게 되었다.

그녀가 아기를 낳고 어머니가 되어도, 둘 사이의 불화에는 조금도 변화가 없었다. 이제 그녀는 새로운 의무를 떠안아야 했다. 틀림없이 사위 편을 들었을 그녀의 어머니와의 관계는 더욱더 악화되었다. 이 부부의 가정에서 끊임없이 이어지던 전쟁에 아기와 장모가 간접적으로 끼어들었기 때문에, 이따금 남편이 정말로 무례하고 경솔해 보이고 그녀가 옳아 보이기도 했다. 그럼에도 남편의 행동은 그녀가 여자로서의 역할을 제대로 하지 못한 결과였다. 만일 그녀가 자신의 온갖 소망을 대신 성취해 줄 수 있는 노예를 옆에 두고 사는 지배자의 역할을 언제나 할 수 있는 입장이라면, 그 결혼도 아마 제대로 돌아갔을 것이다.

그렇다면 지금 그녀는 어떻게 해야 하는가? 이혼을 하거나 아니면 자기 어머니에게로 돌아가서 자신이 패배자라는 점을 선언해야 하는가? 그녀는 더 이상 독립적인 존재가 될 수 없었다. 그런 식의 삶에는 전혀 준비가 되어 있지 않았기 때문이다. 이혼은 그녀의 자존심에, 그녀의 허영심에 큰 상처를 입힐 것이었다. 삶 자체가 고문이었다. 한쪽엔 사사건건 비판하고 나서는 남편이 있고, 다른 한쪽엔 중무장을 한 그녀의 어머니가 언제나 청결과 정리를 외치고 있었다.

그런 상황에서 환자가 갑자기 청결해지고 정돈하는 모습을 보였다. 그녀는 하루 종일 닦고 광을 내기 시작했다. 그녀는 자기 어머니가 귀에 못이 박히도록 되풀이한 가르침을 마침내 배운 것처럼 보였다. 처음에는 그녀의 어머니도 아마 회심의 미소를 지었을 것이고, 그녀의 남편도 자기 아내가 갑자기 옷장을 끊임없이 정돈하기 시작한 데 대해 꽤 기뻐했을 것이다.

그러나 그런 일은 도가 지나칠 수도 있다. 그녀는 집안의 모든 것이 닳아서 해질 때까지 씻고 또 씻고 닦고 또 닦았다. 물건을 정돈하는 그녀에겐 나머지 모든 사람들이 방해가 되었으며, 나머지 모든 사람들에겐 그러는 그녀가 방해가 되었다. 그녀가 어떤 물건을 닦았는데 누군가가 그것을 만지면, 그녀는 그것을 다시 닦아야 했으며 오직 그녀만이 그 물건을 건드릴 수 있었다. 그렇게 했음에도 그녀의 집에서는 먼지가 사라지지 않았다. 왜냐하면 그녀에게 중요한 것은 청결의 문제가 아니고 나머지 사람들에게 소란을 일으키는 것이었기 때문이다. 그녀가 여자 친구를 하나도 두고 있지 않았고 또 어느 누구와도 무난하게 어울리지 못했으며 배려를 전혀 모른다는 사실은 그녀의 상태를 잘 말해주고 있다.

소위 손씻기 강박증은 매우 흔하다. 그런 강박증을 가진 여자들은 여자의 역할에 맞서 싸우고 있으며, 손을 자주 씻지 않는 사람들을 경멸하기 위해 일종의 완벽을 원하고 있다. 이 같은 노력들은 무의식적으로 가정을 폭발시키는 것을 목표로 잡고 있다.

가까운 미래에 소녀들이 삶과 조화를 보다 잘 이뤄나가도록 이끌 수 있는 그런 교육 방법이 모색되어야 한다. 오늘날 우리가 목격하고 있듯이, 그런 조화는 간혹 대단히 호의적인 조건에서도 성취 불가능한 것으로 드러날 수 있다. 합리적인 모든 사람들이 여자는 열등하다는 편향의 존재를 부정하고 있음에도 불구하고, 우리 문화에서 그런 편향이 엄연히 확인되고 있다. 우리는 언제나 이 같은 사실에 관심의 초점을 맞춰야 하고, 우리의 사회질서가 안고 있는 이런 그릇된 태도를 제대로 인식해야 한다. 아울러 병적이라 할 만큼 과장된, 여자들에 대한 숭배라는 관점에서 그 같은 태도를 제거하려 들 것이 아니라 그 같은 조건이 사회적 삶을 파괴한다는 관점에서 그런 태도를 버리도록 노력해야 할 것이다.

지금까지 논한 모든 현상은 우리 문화의 잘못 때문에 일어나고 있다. 신화란 것은 어떤 것이든 한번 문화에 스며들었다 하면 온 곳으로 침투하고 온 곳에서 발견되기 마련이다. 따라서 여성은 열등하다는 신화와 그에 따라 자연스레 생기게 된 남성 지배가 남녀 사이의 조화를 지속적으로 깨뜨리고 있다. 그 결과 남녀 사이에 팽팽한 긴장이 생겨났으며, 이 긴장은 특히 모든 사랑의 관계를 파고들면서 행복의 가능성을 위협하고 종종 그 가능성을 파괴한다. 우리의 이성 관계 전체가 이 긴장 때문에 훼손되고 메마르고 있다.

이것이 조화로운 결혼이 그렇게 드물고 또 아이들이 결혼에 대해 대단히 어렵고 위험한 것이라는 믿음을 품은 가운데 성장하는 이유이다. 여자들에 관한 신화와 그와 비슷한 생각들이 종종 아이들이 삶을 진정으로 이해하지 못하도록 막는다. 결혼을 일종의 도피로만 여기는 많은 소녀들과 결혼을 필요악으로 보는 남녀들을 생각해 보라. 남녀 사이의 긴장에서 생겨난 어려움들은 오늘날 넓은 범위에 걸쳐 영향을 미치고 있다. 이 어려움들이 커질수록, 소녀가 어린 시절부터 자신에게 강요되는 역할에 반대하려는 태도 또한 더욱 커진다. 또 남자의 특권이 분명히 부조리함에도 불구하고, 그런 특권을 누리는 역할을 하려는 남자의 욕망도 더욱 커진다.

남녀 사이의 조화를 보여주는 두드러진 표시는 동료 관계이다. 남녀 관계에 나타나는 종속은 국가들 사이의 관계에서만큼이나 견디기 힘든 요소이다. 종속이 남녀 모두에게 야기하는 어려움과 부담이 너무나 크다. 그렇기 때문에 모두가 이 문제에 관심을 기울여야 한다. 이 문제가 영향을 미치는 범위가 아주 넓기 때문에, 각 개인의 삶은 예외 없이 이 문제의 영향을 받게 되어 있다. 게다가 우리 문화가 아이가 삶의 태도를 선택할 때 이성에 반대하는 태도를 택하도록 하기 때문에, 이 문제는 더욱 복잡해진다.

아이를 차분히 양육하는 것이 가능한 상황이라면, 이 어려움도 아마 극복될 수 있을 것이다. 그러나 우리 시대의 조급증과 검증된 교육 원리의 부재, 삶 전반에 팽배한 경쟁 등이 가정의 육아실에까지 영향을 미치면서 이미 육아실에서 훗날 삶의 방향까지 결정하고 있다. 많은 사람들이 사랑 관계를 맺는 것을 두려워하고 있다. 위험은 모든 상황에서 교활함이나 "정복"을 통해서라도 자신의 남자다움을 증명하는 것이 남자의 임무가 되었다는 점에 있다. 이 위험이 편견 없는 객관적인 마음과 사랑에 대한 믿음을 파괴하고 있다. 돈 후안은 틀림없이 자신이 충분히 남자답지 못하다고 믿는 까닭에 정복을 통해서 끊임없이 남자다움을 새롭게 증명하려고 애를 쓰는 그런 인물이다.

남녀 사이에 팽배한 불신은 신뢰를 훼손시키고 있으며, 그 결과 모든 인류가 고통을 겪고 있다. 남자다움의 과장된 이상(理想)은 곧 요구와 지속적 혜택, 영원한 불안을 의미한다. 이 요소들은 자만심과 이기심, 특권적인 지위에 대한 요구만을 낳을 것이며, 이는 더불어 사는 인간들의 자연적인 조건과 모순된다.

여성 운동의 현재 목표인 자유와 평등권에 대해 반대할 이유는 하나도 없다. 반대할 것이 아니라 오히려 그 같은 목표를 적극 지지해야 한다. 왜냐하면 모든 인류의 삶에서 행복과 즐거움은 종국적으로 여자들이 자신들의 역할과 조화를 이룰 수 있는 그런 조건의 창조에 달려 있고, 또 남자들이 여자들과의 관계라는 문제에 어떤 식으로 대답하는가에 달려 있기 때문이다.

남녀 관계를 향상시키기 위해서 지금까지 취해진 시도들 중에서, 남녀 공학이 가장 중요하다. 이 관행은 논란을 불러일으키고 있다. 남녀 공학에 찬성하는 사람이 있는가 하면 거기에 반대하는 사람이 있는 것이다.

남녀 공학에 찬성하는 사람들은 남녀가 이성을 제때 알 수 있는 기회를 누릴 수 있다는 점을 주요 이점으로 꼽고 있다. 그러다 보면 해로운 신화들이 사라질 수도 있을 것이란 주장이다.

남녀 공학에 반대하는 사람들은 주로 소년과 소녀가 학교에 들어갈 때에 둘 사이의 차이가 이미 아주 크기 때문에 남녀 공학이 그 차이를 더욱 벌려놓는 결과를 낳을 것이라고 주장한다. 이 시기에는 소녀들이 지적으로 더 앞서기 때문에 소년들은 압박감을 느끼게 될 것이다. 그때까지 특권을 누림과 동시에 자신의 능력이 더 뛰어나다는 점을 입증하는 부담을 져야 했던 소년들은 갑자기 자신들이 누리던 특권도 현실 앞에서 터지고 말 비누거품에 지나지 않는다는 사실을 깨달을 것이다. 일부 학자들은 소년들이 남녀 공학을 거치면서 소녀들에게 소심해지면서 자긍심을 잃는다는 점을 발견했다고 주장한다.

틀림없이 이런 관찰과 주장에도 어느 정도 진리가 담겨 있을 것이다. 그러나 이 주장들은 남녀 공학을 남녀 사이의 경쟁이라는 측면에서 볼 때에만, 말하자면 어느 한 쪽의 승리를 다른 쪽보다 유능하다는 점을 뒷받침하는 증거로 받아들일 때에만 타당성을 지닐 것이다. 남녀 공학이 선생들과 학생들에게 이런 식으로 이해된다면, 자연히 이 관행은 해롭게 작용할 것이다. 만일 선생들이 남녀 공학에 대한 이해를 더욱 높이지 않은 채 이런 식의 인식을 바탕으로 학생들을 가르친다면, 남녀 공학 실험은 실패할 것이고 남녀 공학에 반대하는 사람들은 이 실패를 자신들의 관점을 뒷받침하는 증거로 받아들일 것이다. 여기서 남녀 공학을 미래에 남녀가 공통의 문제를 놓고 협력할 수 있는 바탕을 마련하기 위한 준비 작업이나 실천의 하나로 보는 것이 바람직하다는 점을 강조하고 싶다.

여기서 완벽한 그림을 제시하려면 시인의 창의성 같은 것이 요구될 것이다. 우리는 단지 핵심적인 사항들에 관심을 기울이는 것으로 만족해야 한다. 앞에서 언급한 유형들에서 드러난 일관성은 어디서나 눈에 띄고 있으며, 많은 독자들은 열등한 신체기관을 갖고 태어난 아이들에 대해 설명하는 대목에서 떠올린 생각이 여기서도 똑같이 떠오른다는 점을 기억할 것이다. 자라나는 소녀가 종종 자신이 열등한 존재인 것처럼 행동한다는 생각 말이다. 열등한 신체기관을 갖고 태어난 아이들에 대해 논하면서 열등감에 대한 보상에 관해 말한 내용은 소녀에게도 그대로 유효하다. 차이는 소녀의 경우엔 열등에 대한 믿음을 외부로부터도 받는다는 점이다. 소녀의 삶이 이 경로로 너무나 강하게 끌리기 때문에 통찰력이 아주 탁월한 연구원들조차도 간혹 이 신화에 넘어가고 만다.

이 신화의 일반적인 결과는 남녀 모두가 결국엔 '특권 정치'(Prestigepolitik)의 소용돌이에 말려들면서 남녀 어느 쪽도 제대로 감당할 수 없는 역할을 맡게 된다는 점이다. 이 신화는 서로 해를 끼치지 말아야 할 남자와 여자의 삶을 인위적으로 뒤틀어놓고, 남자와 여자가 자연스런 관계를 맺지 못하도록 막고, 남자와 여자가 똑같이 편견을 품도록 만든다. 이 편견들 앞에서 행복의 가능성은 사라지고 있다.

결론

아마 우리 사회의 가장 중요한 문제는 여성 문제일 것이다. 우리의 삶은 일과 돈벌이를 중심으로 전개되고 있다. 그렇기 때문에 돈으로 따질 경우에 남자들이 여자들보다 더 높은 가격을 요구하고 또 더 높은 가격을 받고 있다. 이런 상황은 대부분의 사람들의 마음에 여자들은 남자들을 위해 존재하고 남자들에게 이바지하기 위해 존재한다는 의미로 받아들여지고 있다. 그러나 이것은 부자연스런 전제이며, 남녀의 자연스런 통일을 인위적으로 구분한 것에 그 근거를 두고 있다. 그럼에도 여자는 열등하다는 신화는 여성들이 이따금 겪는 장애에서도 쉽게 비롯될 수 있으며, 대체로 평생 동안 남자들뿐만 아니라 여자들에 의해서도 거듭 다시 생겨나게 된다. 이 신화를 분석할 때에는 사람들의 말이나 의식적인 생각을 대상으로 할 것이 아니라 사람들의 태도를 대상으로 삼아야 한다.

여자들은 낮은 자긍심 때문에 자신에 대한 믿음을 쉽게 상실하며, 따라서 삶의 시련이나 결정 앞에서도 쉽게 물러서게 된다. 여자들의 노력은 대체로 지나치게 빨리 약해지거나, 칭찬에 고무되는 모습을 보임으로써 자신감의 부족을 드러낸다. 독립적인 행동을 추구하려는 경향은 어린 시절에 이미 사라져 버렸고, 무엇인가에 기대려는 욕구는 좀처럼 충족되지 않는데도 바로 이 욕구 때문에 여자들의 성취는 열등한 것으로 여겨지게 된다. 약자의 무기들, 말하자면 지나치게 높은 목표를 정해놓고 그 목표를 우회하려 드는 태도와 굴복의 특징들이 나타나는데, 이 같은 태도와 특징들은 처음에는 과장하는 것처럼 보이다가 금방 지배를 추구하는 노선으로 바뀐다.

신체와 각 신체 기관들의 자연스런 의미는 왜곡되고, 온갖 충동들은 원하거나 원하지 않은 목표에 의해, 그리고 결혼의 강박에 의해 변하고 망가뜨려진다. 이런 현상이 일어나는 이유는 자연스런 여자다움의 특징들이 경시되고 오직 조건부로만 회복되기 때문이다. 학식이 아주 높은 일부 저자들은 좋지 않은 의미에서 말하는 "선천적인 여성적" 특징들, 즉 여성적인 어떤 본성을 발견했다고 믿고 있다. 많은 사람들에게 열등한 존재라는 낙인을 영원히 찍을 그런 본성을 찾았다고 믿고 있는 것이다. 그러나 이것은 우리가 방금 묘사한 불행한 결과물에 지나지 않는다. 어린 소녀가 자신의 지적 노력은 어떠한 결실도 거두지 못한다는 식으로 남성 우월에 관한 미신을 내면화하면서 남자의 목소리로 말을 하려고 노력할 때엔 당연히 그런 불행한 결과가 나타나게 되어 있다. 소녀가 이미 육아실에서 잃어버린, 자신에 대한 믿음을 되찾기 위해 시작한 모든 항의는 단지 소녀가 자발적으로 경험할 기회를 상실하도록 만들 뿐이다.

어떤 소년이 성취를 이루는 과정에 난관에 봉착할 때, 소년은 그것을 누구나 다 겪는 불편 정도로 여길 것이다. 그러면 소년은 그 같은 인식 자체에서 큰 도움을 받으면서 심리적 균형을 그대로 유지한 채 그 일을 계속 추진할 것이다. 어떤 소녀가 이 소년과 같은 상황에 처해 있다고 가정해보자. 그러면 소녀는 사방에서뿐만 아니라 자신의 가슴에서 일어나는 불안으로부터도 "여자라서 그런 거야!"라는 소리를 들을 것이다. 그러면서 소녀는 자신은 노력해 봐야 헛수고만 할 뿐이라는 식으로 쉽게 생각하고 말 것이다. 그런 식의 자기 비하 속에서 인간의 영혼은 결코 평안을 누리지 못한다. 그 결과, 소녀는 특권을 누리는 것 같은 남자에게 은밀히 적대감을 품게 된다. 그런데 이 적대감은 쉽게 겉으로 드러나기 마련이다.

남자 쪽에서도 어릴 때부터 여자들보다 우수하다는 점을 증명해야 하는 부담에 시달려온 터라 은밀히 적대적인 여자의 성격에 의심이나 횡포로 대응한다. "모든 인간 종(種)"의 가치가 동등하다는 관점에서 보면, 남자나 여자나 똑같이 부자연스러운데도 벗어날 수 없는 태도 때문에 투쟁을 영원히 물려받고 있다는 사실이 이해된다. 그 결과, 남자와 여자는 불필요한 특권 때문에 무장과 보호수단을 강구하고 여차하면 전투를 벌일 수 있는 상태에서 살고 있다. 더욱이, 남자와 여자는 경계와 공포를 느끼는 상태에서 서로를 부정하고 자신의 패배를 두려워하면서 서로를 적으로 보고 있다.

지금까지 우리 사회가 앓고 있는 가장 심각한 병을 살펴보았다. 그 결과, 어린 시절의 그릇된 관점이 비극적인 운명의 씨앗이라는 사실이 드러났다. 이 점을 고려한다면, 남녀 사이의 전투에서 비롯되는 것으로 여겨지는 감정을 순화하는 것이 중요하다는 식으로 지적하는 것은 적절하지 못하다. 이 문제를 보다 깊이 파고들기를 원하는 사람들에게, 나는 남자와 여자의 관계에서 우월을 증명하는 것들은 거의 틀림없이 실질적 우수함을 뒷받침하지 않는 가짜 증거에 불과하다는 점을 지적하고 싶다. 또한 남녀 중 어느 한쪽의 우월을 뒷받침하는 것처럼 보이는 가짜 증거는 종종 교활과 상상의 금지된 계략에 의해 확보된다는 점도 덧붙여야 한다.

2장

남성성 항의와 프로이트에 대한 비판

남성성 항의

심리적 자웅동체성에 관한 사실들

인간의 자웅동체성을 연구하는 거의 모든 연구자들은 파생된 성적 특징들 중에서 이성(理性)의 심리적 특징들이 종종 발견된다는 점을 언급하거나 강조했다. 크라프트 에빙(Richard von Krafft-Ebing)과 막스 데스와(Max Dessoir), 요세프 할반(Josef Halban), 빌헬름 플리스(Whihelm Fliess), 지그문트 프로이트(Sigmund Freud), 마그누스 히르쉬펠트(Magnus Hirschfield) 등이 그런 연구자에 속한다.

프로이트는 특별히 신경증에 나타나는 동성애 현상을 연구했으며, 그 결과 모든 신경증 환자는 동성애의 특성을 보인다는 점을 발견했다. 이 관찰은 널리 확인되고 있다. 나는 논문에서 매춘과 동성애의 관계를 지적했다. 플리스는 이보다 앞서 남자 신경증 환자는 여성적인 특징들의 억압으로 인해, 여자 신경증 환자는 남성적인 특징들의 억압으로 인해 고통을 겪는다고 믿었다. 이시도르 자드거(Isidor Sadger)도 비슷한 의견을 보였다.

자웅동체의 특성과 관련해 신경증을 유심히 연구하면 다음과 같은 결과가 나온다.

1. 이성(異性)의 일반적인 육체적 현상들이 자주 발견된다. 남자 신경증 환자에게선 여성적인 기질이 보이고 여자 신경증 환자에게선 남성적인 기질이 보이는 것이다. 이성의 부차적인 특성도 마찬가지로 자주 나타난다. 남자 신경증 환자와 여자 신경증 환자에게서 생식기의 열등 현상이 보이는 것이다. 남자 신경증 환자의 경우엔 요도하열증(소변이 나오는 요도가 정상보다 뒤쪽에 위치한 것을 말한다/옮긴이), 작은 성기, 작은 고환, 잠복 고환 등이, 여자 신경증 환자의 경우엔 큰 소음순, 큰 클리토리스, 생식기의 발육 부진 등이 더러 보인다.

플리스가 짐작하고 또 크라프트 에빙이 구체적으로 설명한 것처럼, 이런 육체적인 현상들이 남자에게 여성적인 정신이 더 두드러지게 만들고 여자에게 남성적인 정신이 더 강하게 발달하도록 할 만큼 처음부터 이성의 정신과 어떤 유전적 관계를 갖고 있는지 여부는 현재로선 밝히지 못한다.

그러나 열등한 신체기관이나 신체 체계, 선(腺) 체계를 가진 아이들 중에서 기동성과 육체적 발달이 정상에서 벗어나는 예가 종종 보인다는 점은 확인되고 있다. 또 이런 아이들의 성장과 기능에도 결함이 나타나고, 특히 발달 초반에 아프고 약한 것이 두드러지는 것도 확인된다. 물론 이런 결함을 보이는 아이들도 훗날 건강하고 튼튼하게 성장할 수 있다.

2. 이런 객관적인 현상이 자주 주관적인 열등감을 일으키고, 따라서 아이의 독립을 방해하고 지지와 애정에 대한 욕구를 증대시키고 성인이 될 때까지, 아니 늙을 때까지 그 아이의 인격을 좌우하게 된다. 허약과 서투름, 소심, 병약, 유뇨증 같은 어린 시절의 장애, 대소변을 못 가리는 현상, 말을 더듬는 현상, 가쁜 호흡, 시각 및 청각기관의 결함, 선천성 혹은 후천성 기미, 극도의 추함 등은 보다 강한 인물과 비교해 열등감이 일어날 바탕이 됨과 동시에 그 열등감을 영원히 고착시킬 것이다. 이는 아버지에게 느끼는 감정에 특히 더 맞는 말이다. 아버지에 대한 복종과 순종, 헌신적인 사랑이 많은 아이들에게서 확인되고 있다. 신경증 성향이 있는 아이들에게 이런 특징이 더욱 두드러지게 나타나고 있다.

그래서 그런 아이들은 종종 자신들이 봐도 남자답지 않은 역할을 하게 된다. 모든 남자 신경증 환자는 어린 시절에 자신이 남성성을 충분히 발휘하는가 하는 문제를 놓고 고민을 많이 한 사람들이다. 그러나 남성성의 포기는 곧 아이에게 여성성과 동의어처럼 보인다. 이런 과정을 거치면서 유치한 가치 판단이 넓은 영역에서 생겨나게 된다. 억제되지 않은 공격성과 활동성, 능력, 권력, 그리고 용감하거나 자유롭거나 폭력적이거나 가학적인 특성들은 남자다운 것으로 여겨지고, 소심과 복종, 빈곤뿐만 아니라 모든 자제와 결함은 여자다운 것으로 여겨지게 되는 것이다.

3. 아이는 한동안 이중적인 역할을 한다. 한편으론 부모와 교육자에게 복종하는 경향을 보인다. 다른 한편으론 아이의 소망과 공상, 행동의 일부는 독립을 추구하려는 노력과 의지를 표현하고 자신의 중요성을 찾으려는 모습을 보인다. 소녀와 여자들이 전자의 경향을 더 강하게 보이고 소년과 남자들이 후자의 경향을 더 강하게 보이기 때문에, 아이도 성인의 가치 판단과 비슷한 가치 판단을 갖게 된다. 말하자면 공격성의 억제를 여성적인 것으로, 공격성의 강화 자체를 남성적인 것으로 보게 되는 것이다. 아이에게 "불량해진다는 것"은 종종 남자다워진다는 의미로 다가온다.

아이의 내면에서 일어나는 이 같은 불일치는 가장 중요한 심리적 현상, 특히 신경증의 예이자 바탕이다. 여기서 우유부단과 의식의 분열이 시작되고, 훗날 다양한 결과가 나타날 것이다. 대체로 보면, 개인의 태도는 "여성적인" 경향과 "남성적인" 경향 사이의 어느 지점에 설 것이고, 동시에 그림의 통일성을 강화하려는 경향도 보일 것이다. 어쨌든 남자들은 여성적인 역할로 온전하게 통합되는 것을 저지당하고, 여자들은 남성적인 역할로 온전하게 통합되는 것을 저지당한다. 이는 대체로 타협으로 이어진다. 말하자면, 남자들에게 남성적인 수단을 이용한 여성적인 행동(예를 들면, 남자다운 복종, 남자다운 마조히즘, 동성애 등)이 나타나고, 여자들에게 여성적인 수단을 이용한 남자의 역할(여성들의 해방 경향, 일처다부(一妻多夫), 그리고 여자의 역할에 대한 불안에 따른 충동 신경증 등)이 나타나는 것이다. 아니면 "남성적" 특징과 "여성적" 특징들이 아무렇게나 번갈아 가며 나란히 나타나는 경우도 있다.

그런 특징들의 부조화가 두드러진 신경증의 경우에 개인 심리학의 방법들을 빌리면 그 특징들을 찾아내서 분석하고 정리하는 것이 가능해진다. 그러나 전제조건이 있다. 치료 전문가가 남성적인 특징과 여성적인 특징에 대한 자신의 가치 판단을 분석에 적용할 것이 아니라 자신을 환자의 감정에 적응시키면서 환자의 감정을 추적해야 한다는 점이다.

남성성 항의

신경증 환자의 여성적 경향들이 시작되는 지점은 아이가 어른들 앞에서 약하다고 느끼는 감정이다. 이 감정에서 지지의 필요성과 애착에 대한 요구, 생리적 및 심리적 의존과 복종이 생겨난다. 초기에 주관적으로 느껴지는 신체기관의 열등(운동 근육의 약함, 서투름, 병약함, 어린이 장애, 더딘 발달 등)이 있는 경우에, 이 같은 특징들은 더욱 강해지고 그로 인해 의존도 더욱 커진다. 자기 자신이 작고 약하다는 감정(왜소함이라는 망상의 뿌리)이 이런 식으로 강화되면, 아이가 공격성을 억제하게 되고 그로 인해 불안감이 생겨나게 된다. 자신의 능력에 대한 불확실성은 의심을 낳고, 결과적으로 "여성적인" 경향들(불안과 불안과 관련 있는 현상들)과 "남성적인" 경향들(공격성, 강박 현상들) 사이를 오가게 만든다. 신경증(신경쇠약, 히스테리, 공포증, 편집증, 특히 충동 신경증)의 구조는 비정상적으로 커진 "남성적인" 소망과 경향들 밑으로 종종 "여성적인" 노선들이 조심스럽게 숨어 있다는 점을 보여준다.

바로 이것이 남성성 항의(masculine protest)이다. "여성적인" 경향이 유아적인 판단에 의해 부정적인 것으로, 말하자면 다소 어린 시절의 장애 같은 것으로 평가되고, 또 그런 경향이 외적 이점(친척들의 사랑, 처벌로부터의 해방, 복종과 순종에 대한 칭송) 때문에 오직 승화된 형식으로만 간직될 때, 그에 대한 과잉보상으로 당연히 남성성 항의가 따르게 되어 있다.

정상적인 개인이나 신경증을 가진 개인의 내면에서 일어나는 온갖 형태의 강박은 이 같은 남성성 항의에서 비롯될 수 있다. 남성성 항의가 성공하면, 그 같은 사실은 당연히 남성적인 경향을 크게 강화하게 되어 있다. 그 성공은 또 아주 높은, 그래서 종종 성취할 수 없는 목표들을 설정하게 하고, 만족과 승리에 대한 욕구를 불러일으키고, 온갖 기능과 이기적인 욕망을 강화하고, 시기와 탐욕, 야망을 증대시키고, 외부의 강요나 불만, 경멸, 피해 앞에서 그냥 참고 넘어가지 못하도록 만드는 불안을 야기한다. 남성성 항의에는 언제나 반항과 복수, 분개가 수반된다. 남성성 항의는 감수성의 무한한 강화를 통해서 지속적으로 갈등을 낳는다. 그런 식으로 지나치게 강해진 남성성 항의는 정상적이거나 병적인 공상을 낳는다. 이 공상은 욕구 만족의 잠정적 대용물로 경험된다. 꿈도 전적으로 남성성 항의가 지배하는 상태에서 일어난다. 모든 꿈은 분석 과정을 거칠 경우에 여성적인 노선에서 남성적인 노선으로 이동하려는 경향을 드러내게 된다.

남성성 항의는 남자들만 아니라 여자들에게도 똑같이 해당된다. 여자들의 경우에 남성성 항의가 대체로 가려지고 바뀌며 여성적인 수단으로 승리를 추구한다는 점만 다를 뿐이다. 남자로 바뀌기를 바라는 소망을 분석하는 과정에 이런 남성성 항의가 자주 나타난다. 질(膣) 경련과 성적 불감증을 비롯한 많은 신경증적 현상들이 바로 이 경향에서 비롯된다.

내가 제안한 "역학적인 접근"을 따르면, 이 모든 현상에서 여성적인 노선으로부터 거리를 두려는 한편 남성적인 노선을 확보하려는 노력이 공통적으로 나타난다는 점이 금방 확인될 것이다. 그래서 신경증 징후들은 가끔은 여성적인 성격을 더 강하게 보이고 또 가끔은 남성적인 성격을 더 강하게 보이며, 또 모든 신경증 징후들은 자웅동체성 같은 것을 보이게 된다.

신경증적 강박은 남성성 항의를 보여준다. 강박에 굴복하는 것을 여성적인 성격으로 여기는 것이다. 예를 들어, 적면공포증(赤面恐怖症) 환자는 자신이 느꼈거나 예상되는 체면 손상에 남성적인 분노와 기질로 반응하고 있다. 그러나 그 반응은 여성적인 수단을 통해서, 말하자면 얼굴 붉힘이나 얼굴 붉힘에 대한 두려움으로 나타나고 있다. 그때 신경증 발작의 의미는 이렇다. "나는 여자이지만 남자가 되고 싶다."

그리하여 신경증 환자는 예를 들어 외부의 강박을 자신의 강박으로 대체함으로써 위험할 것 같은 결정으로부터 자신을 안전하게 지킨다.

만일 환자가 자신이 모든 개인적 성공으로부터 차단되고 있다는 것을 발견한다면, 그리고 대체로 과도하기 마련인 환자의 남성성 항의를 충족시키는 것이 성적 충동을 포함하는 중요한 어떤 노선에서 실패한다면, 마침내 신경증이 발발하게 된다. 물론 신경증을 일으킬 요소들은 오래 전부터 두루 갖춰져 있던 상태였다. 신경증이 발발하면, 환자는 부차적인 노선에서 그 대상을 다른 사람이나 목표로 바꿈으로써 자신의 남성적 야망을 충족시키려 노력할 것이다. 그렇게 하지 않을 경우엔 억제와 저지가 더욱 치열해지고, 내가 '삶과 신경증에서의 공격 충동'이라는 제목의 논문에서 설명한 바와 같이, 공격 충동에 그런 변화가 일어날 것이다.

공격 충동과 이 충동의 변화가 신경증에서 가장 중요한 역할을 한다. 그러나 이 개념은 생물학적이라는 한계를 안고 있으며, 따라서 신경증 현상을 완전히 이해하는 데에는 적절하지 않다. 신경증 현상을 완벽히 이해하기 위해선, 신경증 환자가 지극히 개인적이라는 점을 고려하면서 신경증적 현상을 생물학적 용어가 아닌 심리학적 용어 혹은 문화 심리학의 용어만을 갖고 판단할 수 있어야 한다.

모든 신경증 환자(모든 인간 존재)에게서 우리는 여성적인 특징뿐만 아니라 남성적인 특징을 발견한다는 것이 나의 주장이다. 이는 프로이트의 주장과 일치한다. 이때 여성적인 특징과 남성적인 특징은 서로 섞인 상태(타협)에 있을 수도 있고 옆에 나란히 있을 수도 있다. 이 개념이 승화된 것이 자유냐 의지의 결정이냐 하는 문제이다. 우리는 의지가 결정된다는 확신을 품고 있으면서도 마치 의지가 자유로운 것처럼 행동하고 있다. 그러면서 그런 문제를 제기하는 것 자체가 잘못인 것처럼 생각하고 있다. 마찬가지로, 이 두 가지 명백한 개념들을 신경증 환자도 느끼고 있으며, 모든 성격적 특징들은 이 같은 사실로 거슬러 올라갈 수 있다.

신경증의 구조

신경증의 구조에 이 모든 차이들은 엄청난 중요성을 지닌다. (환자의 의견에 나타나는) 여성적이고 자기학대적인 경향이 환자를 지배하면서 신경증의 여성적이고 자기학대적인 그림을 창조하는 한편, 그와 동시에 환자는 신경이 극도로 예민해지면서 "여성적인"

것으로 빠져드는 것에 대해서, 말하자면 약간의 경시(輕視)나 억압, 박탈, 모독 등에도 강하게 반대하게 된다.

약점과 열등감, 여성적인 노선들은 타협 형성(compromise formation)에 의해 가려지거나 승화와 상징화를 거침에 따라 식별할 수 없는 상태가 된다. 그러나 약점과 열등감 등은 지속적으로나 간헐적으로 그 폭과 강도를 더해가면서 의지 상실이나 불편한 심기, 우울, 불안, 고통, 불안한 기대감, 의심, 마비, 성적 불능, 기능 부전(不全) 등으로 분명히 나타나게 된다.

한 예로, 열등감은 충동을 휘저어 놓고, 소망을 무한히 키우고, 신경과민을 일으키고, 만족에 대한 욕구를 불러일으킨다. 이때 만족에 대한 욕구는 어떠한 양보도 용납하지 않으며, 그 결과 과도한 기대와 공포가 지속되게 된다. 이처럼 비정상적으로 발달한 갈망과 성공에 대한 열정, 광적인 남성성 항의에 실패의 씨앗이 담겨 있지만, 그와 동시에 거기엔 천재와 예술가의 성취에 필요한 씨앗도 담겨 있다.

남성성 항의가 주요 노선에서 실패할 때, 신경증이 발발한다. 그렇게 되면 여성적인 특징들이 분명히 지배적인 모습을 보이지만, 그때도 남성성 항의는 지속적으로 강해지고 있으며 또 남성적인 부차적 노선을 통해 타개하려는 병적 시도도 점점 강해진다. 이런 시도는 진정한 만족과 조화를 초래하지 않으면서도 성공하거나, 아니면 신경증에서 종종 확인되듯이 실패하면서 환자를 여성적인 역할과 냉담이나 불안, 정신적 혹은 육체적 혹은 성적 기능 부전 쪽으로 더욱 깊이 몰아붙인다. 이렇게 되면 이 요소들은 권력을 추구할 수단으로 추가로 활용되게 된다.

증세가 심한 신경증을 이 같은 관점에서 조사하면 언제나 다음과 같은 특징들이 드러날 것이다. 또 이 특징들은 다른 요소들을 유발하는 힘을 발휘하는 것으로 확인될 것이다.

1. 여성적인 특징들
2. 과도한 남성성 항의
3. 여성적인 특징들과 남성성 항의 사이의 타협 형성

심리적 자웅동체성의 경우에 다음과 같은 요소들을 통해서 남성성 항의의 실패를 선호하고 있으며, 실제로 보면 남성성 항의의 실패를 초래하고 있다고 할 수 있다.

1. 항의의 과장. 그래서 목표는 그 자체로 성취 불가능하거나 환자의 자질에 비춰볼 때 성취 불가능하다.
2. 과도한 목표의 설정. 목표를 과도하게 높이 설정하는 것은 무의식적으로 어떤 목적을 추구하기 위한 것이다. 환자의 영웅 역할을 방해하지 않으려는 것이 그 목적이다. 그리하여 당연히 실망이 일어나게 되어 있다.

3. 기본적인 분위기를 결정하고 공격성을 자제하는 여성적인 경향들. 결정적인 순간이나 의도된 행동이 일어나기 전에 종종, "여성적인" 감정이 권위에 대한 과도한 믿음이나 의심, 불안 등의 형태로 일깨워지고, 남성성 항의가 지속적으로 형성되는 가운데 이 여성적인 감정은 굴욕과 복종으로 이어진다. 혹은 여성적인 감정은 의심이나 불안 등을 갖고 어떤 무기를 벼리며, 따라서 부조리에 굴복하게 된다.
4. 어린 시절에 비롯되었고 또 그 대상을 쉽게 바꿀 수 있는 어떤 능동적인 죄책감. 이 죄책감은 여성적인 특징들을 뒷받침하며 환자의 행동에서 예상되는 결과들로 미리 환자를 놀라게 만든다.

여성적인 노선들의 강화

이 시점에서 나는 아이의 내면에서 여성적인 노선들을 추가로 강화하는 요인들에 대해 언급해야 한다. 이 강화 요인들은 생리학적 범위를 다소 넘어서며 어김없이 남성성 항의를 과장하는 계기가 된다. 나는 다수의 남녀 신경증 환자들에게서 다음과 같은 원인과 기제(機制)들을 확인할 수 있었다. 그래서 이 발견들을 일반화해도 무방하다고 판단한다. 실제로 이 원인과 기제의 발견을 통해 신경증의 치료가 시작되었다.

1. 처벌에 대한 두려움. 이 두려움은 통증에 대한 과도한 반응과 살

갖의 과민, 교육자들의 엄격성, 체벌 등에 의해 더욱 커진다. 남성적인 반응으로 여겨지는 것에는 다음과 같은 것들이 있다. 처벌에 대한 무관심, 반항적인 무관심, 고통 인내, 고문 추구(명백한 마조히즘), 큰 고통도 견딜 수 있다는 식의 주장, 처벌의 협박을 받는 상황에서 보이는 능동적인 성적 행동과 발기 등이 남성적인 반응으로 통한다. 이런 반응은 간혹 개인의 생리적 특이성 때문에 더 쉽게 일어날 수도 있다.

2. 자신의 나약함이나 고통을 보여줌으로써 동정을 구하는 태도. 혹은 남성성 항의. 남성성 항의에는 (왜소함이라는 여성적인 망상에 대한 보상으로) 과대망상, 타인들의 동정에 대한 분개, 울어야 하는 상황에서 웃음을 짓는 행위, 자기 자신을 조소하는 행위 등이 있다. 여러 요소들이 결합하는 경우가 자주 있다. 아이가 동정에 기대거나 반항기를 보임에 따라, 유뇨증과 말더듬, 병약함, 두통, 식욕 부진 등과 같은 어린 시절의 장애가 고착될 수도 있다. 거의 예외 없이 타협 형성이 일어난다. 남성적 반응은 부모를 짜증나게 하기 위해 허약을 이용하고 부모에게 굴복하지 않기 위해 장애를 계속 지켜나감으로써 반항하는 모습을 보인다. 많은 야뇨증 꿈들은 꿈을 꾼 사람이 남자처럼 행동하려는 시도(서서 오줌을 누거나 남자용 소변기, 큰 포물선을 그리는 오줌 줄기, 모래에 오줌으로 그림을 그리는 장면 등)를 보여준다. 이런 시도는 동시에 처벌에 대한 두려움에 맞서는 남성적인 반응이며, 마치 침실용

변기나 화장실이 있는 것처럼 허구가 이용되기도 한다.

3. 성적 역할에 대한 그릇된 인식, 남녀 차이에 대한 무지, 소년이 소녀로 바뀌고 거꾸로 소녀가 소년으로 바뀔 가능성에 대한 생각. 여기엔 자웅동체라는 감정이 희미하게 나타난다. 육체적 특징, 양육 상의 실수, 환경(여자 옷을 입은 남자 아이, 남자 옷을 입은 여자 아이, 긴 머리 소년, 짧은 머리 소녀, 이성과 함께 목욕하는 행위, 아들이나 딸에 대한 부모의 불만 등)을 통한 오해 등이 남녀 차이를 분명하게 알지 못하는 아이의 내면에 의심을 불러일으키거나 의심을 더욱 키운다. 마찬가지로, 출산에 관한 동화나 그릇된 개념(항문을 통한 출산, 입이나 키스, 독(毒) 혹은 접촉을 통한 임신)도 혼란을 가중시킨다. 입이나 항문이 생식기관의 역할을 하는, 정도를 벗어난 초기의 성적 경험이나 공상들도 남자와 여자의 구분을 흐릿하게 만들고 편향적인 방향으로 그 역할을 고착시킬 수 있다.

성적 장애

동성애는 자신의 성적 역할에 대한 불확실성에서 비롯된다. 동성애 남자들은 어린 시절에 자신을 소녀의 역할로 생각하는 성향을 보인 사람들이다. 언제나 그렇듯, 남성성 항의가 일어난다면, 동성애자로 변하는 것은 무서운 여자를 피하기 위한 시도이다.

어쨌든 적절한 이해는 오직 남성성 항의를 고려할 때에만 가능해진다. 예를 들면, 다른 강박들처럼 남자처럼 행동하려고 하면서도 자신의 성적 역할을 피하려는 시도를 의미하는 강박적인 자위 행위처럼 말이다. 몽정과 조루에서도 똑같은 성향이 발견된다. 거기에 수반되는 현상(불완전한 발기, 가끔 동성애 꿈)뿐만 아니라 조급함도 이런 것들 뒤에 숨어 있는 약점을 드러낸다. 꿈을 분석할 때면, 반드시 악몽이나 무엇인가로부터 차단당하고 있는 꿈, 여성적인 노선에 해당하는 불안에 관한 꿈, 패배에 관한 꿈을 찾아야 한다. 이런 꿈에서도 거의 틀림없이 남성적인 경향이 항의로 나타난다(절규하거나 달아나거나 잠에서 깨어나는 행위).

노출증적 특징들은 남자로서의 모습을 보여주고 싶어 하는 경향에 의해 선호된다. 소녀와 여자의 경우에는 여성의 정숙함을 거부하거나 여자의 옷을 거부하는 것만으로도 이 목적에 충분한 것 같다. 권력을 추구하는 경향은 나르시시즘을 보이는 것이 특징이다. 페티시즘에는 남자답지 않은 노선이 지배적이지만(란제리나 블라우스, 에이프런, 보석, 가발 등의 선호), 파트너에게 지배당하지 않으려는 남성적인 경향이 언제나 수반된다. 원래 모든 자기성애처럼 자웅동체의 한 표현인 장갑과 신발 페티시즘은 남성적인 역할로부터의 거리를 통해 여성적이고 자기학대적인 성격을 얻는다.

본래 자기학대적인 특징들은 건강염려증과 고통에 대한 과도한 민감성처럼 인내의 "여성적" 특징들에 속한다. 자기학대적인 특징은 다른 모든 심리적 현상과 마찬가지로 고통의 크기를 드러낼 요소들을 무수히 많이 갖고 있다.

아이가 자신의 여성적인 노선을 표현하기 위해 어머니의 특징들을 이용하고, 남성적인 노선을 표현하기 위해 아버지의 특징들을 이용하는 것은 충분히 이해할 수 있다. 남성성 항의는 모든 면에서 자기 아버지를 능가하길 원하면서 아버지와 갈등을 빚는 아이의 욕망을 강화한다. 그래서 어머니를 향한 욕망과 비슷한 그런 이차적인 특징들이 생겨난다. 이 같은 과정들의 뒤에서 작동하고 있는 원동력을 찾아내서 의식으로 만드는 것이 교육과 심리 치료의 과제이다. 치료 과정을 거치면, "여성적인 특성과 남성적인 특성"이 편향된 방향으로 과도하게 성장하는 현상이 사라질 것이며, 유아적인 평가 대신에 보다 성숙한 세계관이 자리 잡게 될 것이다. 마찬가지로, 반사회적인 과정과 분열된 의식, 이중적인 삶도 멈추게 될 것이다. 신경과민도 사라질 것이고, 환자는 환경에서 비롯되는 긴장 앞에서 분노를 터뜨리지 않고 그것을 견뎌내는 방법을 배울 것이다. 그때까지 "시키면 무의식의 자극에 놀아나던 장난감"이었던 환자가 이젠 "자신의 감정의 주인"이 될 것이다.

이분법적 통각과 독단적인 주장

우리는 신경증의 안내하는 힘이 자긍심을 높이려는 욕망이 되는 것을 신경증의 최종 목표로 여기고 있다. 이 힘은 언제나 스스로를 특별히 강력하게 내세우려 든다. 이 힘은 인간의 본성에 뿌리를 깊이 박고 있는 어떤 분투와 갈망의 표현이다. 이 안내하는 사상은 "권력 의지"(니체)라고 불릴 수도 있다. 이 사상의 표현과 그 깊어짐은 인간의 일반적인 불안을 종식시키기 위해 보상적인 어떤 특별한 힘이 거기에 개입하고 있다는 점을 알려준다.

대체로 의식의 표면까지 드러나는 어떤 엄격한 공식에 의해, 신경증 환자는 정상적인 세상을 뒤틀어 놓을 견고한 바탕을 얻으려고 노력한다. 신경증 환자가 자신의 신경증을 지속시키는 이 원동력에 대해 많이 알고 있느냐 조금 알고 있느냐 하는 문제는 진정으로 중요하지 않다. 어떤 경우든 신경증 환자는 그 메커니즘을 모를 뿐만 아니라 자신의 유치한 행동과 통각을 혼자 힘으로는 발견하지도 못하고 바로잡지도 못한다. 이 일은 오직 개인 심리학의 방법을 통해서만 성공할 수 있다. 개인 심리학의 방법을 빌리면, 추상과 환원, 단순화 등과 함께 알맹이가 거의 없는 심리적 과정에 대한 관찰을 통해서 신경증 환자의 유치한 유추를 발견하고 이해하는 것이 가능해진다.

신경증 환자는 언제나 대립물에 대한 유추를 통해 통각하고 대체로 대립적인 관계들만을 알고 또 인정하는 것으로 드러난다. 피타고라스(Pithagoras)의 대립자표(對立者表)뿐만 아니라 아리스토텔레스(Aristotle)의 반정립(反定立) 범주와 비슷한 이런 원초적인 경향은 불안의 감정에서 시작되고 또 단순한 논리의 한 장치를 나타내고 있다. 내가 '자웅동체적 정반대'(polar hermaphroditic opposites)라고 부르고, 체사레 롬브로조(Cesare Lombroso)가 '양극'(bipolar)이라고 부르고, 오이겐 블로일러(Eugen Bleuler)가 '양면가치'(ambivalent)라고 설명한 것은 모두 이 같은 통각 유형으로 이어지는데, 이 통각 유형은 이분법의 원리에 따라 작동한다.

이 원리를 사물들의 핵심으로 여기는 일상적인 실수를 저지를 것이 아니라, 거기서 원초적인 어떤 작동 방식을, 일이나 힘, 경험을 판단하는 어떤 관점을 파악해 내야 한다.

이분법적 통각

신경증적 성향이 있는 사람은 예리하게 도식화하고 철저히 추상하는 통각 유형을 갖고 있다. 그래서 그런 사람은 외부 사건뿐만 아니라 내면의 사건들까지도 엄격히 이분법적인 도식에 따라 분류한다. 경영에서 차변과 대변에 거래 내용을 기록하면서 차변과 대변 사이에 그 어떠한 틈도 허용하지 않는 것과 비슷하다. 신경증 환자의 사고에 나타나는 이 같은 실수는 과도한 추상작용과 똑같으며,

또한 안전을 지키려는 신경증적 경향 때문에 일어난다. 이 같은 경향은 아주 정밀하게 정의된 안내 노선과 이상(理想)과 기준을 필요로 하며, 신경증 환자는 선택하고 예측하고 행동하기 위해 이런 것들을 믿는다.

이리하여 신경증 환자는 구체적인 현실과 분리된다. 현실은 엄격함보다 심리적 유연성을 요구하기 때문이다. 다시 말해, 우리가 몸담고 살고 있는 현실은 추상작용을 숭배하거나 신격화할 것이 아니라 이용할 것을 요구한다는 뜻이다. 어쨌든 세상을 살아가는 데 엄격히 적용할 수 있는 원리 같은 것은 절대로 있을 수 없다. 어떤 문제의 해결책으로 아주 정확한 것까지도 지나치게 전면으로 내세워질 경우에 삶의 흐름을 방해할 수 있기 때문이다. 예를 들어, 어떤 사람이 청결과 진실을 모든 노력의 목표로 삼을 경우에 그 목표가 그 사람의 인생을 방해하게 되어 있다.

신경증 환자의 심리적 삶에서, 우리는 환경 속에서 일어나는 경험이나 접하게 되는 사람들을 엄격한 틀을 기준으로 분류하려 드는 경향을 발견한다. 그런 경향은 원시인의 사고와 신화, 전설, 우주 발생론, 신들의 기원, 원시 미술, 철학의 기원에서도 똑같이 확인된다. 그런 식으로 분류하는 과정에, 서로 함께 어울리지 않는 현상들은 당연히 추상적인 허구에 의해 예리하게 분리된다.

이런 식으로 분류하려는 충동은 방향성을 따르려는 욕망에서 나오는데, 이 방향성은 신경증 환자가 안전을 지키려 하는 경향에서 비롯된다. 이분법적 분류의 충동은 종종 아주 강하다. 그렇기 때문에 이 충동이 통일체를, 말하자면 범주를 인위적으로 나눌 것을 요구하며 심지어 자아까지도 두 개 또는 서너 개의 부분으로 나눌 것을 요구한다.

정반대되는 것들의 짝들 중 하나가 종종 분명하게 나타난다. 열등감과 자긍심의 강화가 그 짝이다. 정반대되는 것들의 구체적인 짝에 의지하는 것은 아이가 세상 속에서 자기 자신을 세상의 중심에 놓고 스스로를 안전하게 지키려 하는 원시적인 시도나 다름없다. 이 짝들 중에서 나는 (1)위-아래 (2)남성성-여성성을 자주 발견한다. 당연히 언제나 일반적이지는 않은 신경증 환자의 감각에서, 모든 기억과 충동과 행동은 언제나 '열등=아래=여성성' 대(對) '강함=위=남성성'이라는 구도를 바탕으로 분류된다.

이 분류가 아주 중요하다. 이 분류 자체가 엉터리일 수 있고 마음대로 제시될 수도 있다. 그렇기 때문에 이 분류는 세상의 그림을 왜곡시킨다. 이 왜곡된 그림을 근거로 신경증 환자는 언제나 자신이 굴욕을 당하고 있다는 관점을 지켜나갈 수 있다. 여기서 환자가 자신의 체질적 열등을 경험하는 것 자체가 환자를 돕게 되는 이유는 문제의 본질 안에 담겨 있다. 왜냐하면 신경증 환자가 몸담고 있는 환경 속의 사람들도 신경증 환자의 신경증적 행동 때문에 지속적으로 짜증을 내며 공격성을 키워갈 것이기 때문이다.

신경증 환자가 안전을 확보하려고 줄기차게 노력하는 태도는 원래 안전과 정반대의 가치를 지니는 요소인 불안전을 고려할 경우에 이해가 가능해진다. 안전과 불안전은 똑같이 이분법적 판단의 결과이며, 신경증 환자의 이분법적 판단은 환자가 허구적으로 그리는 인격 이상(理想)에 좌우되며 편향된 주관적인 가치 판단을 내놓는다. 열등감과 열등감의 정반대인 인격 이상에 따라 배열된 안전감과 불안전감은 열등감과 인격 이상과 마찬가지로 허구적인 가치들의 짝이다. 안전감과 불안전감은 일종의 심리적 구조물들이며, 이것에 대해 한스 파이힝거(Hans Vaihinger)는 "이 구조물들 안에서 현실이 인위적으로 구분되는데, 이 구조물들은 서로 함께 있을 때에만 의미와 가치를 지니며 따로 떨어져 있을 경우엔 그 분리 때문에 무의미와 모순과 문제로 바뀌고 만다."고 지적했다.

정신신경증을 분석하다 보면, 이 대조가 남자와 여자의 대조와 비슷하다는 점이 종종 분명하게 드러난다. 따라서 신경증의 역학은 "마치 환자가 여자에서 남자로 바뀌기를 원하거나 남자의 경우에 남자답지 못한 점을 숨기길 원하는 것처럼" 여겨질 수 있다. 실제로 신경증의 역학은 종종 신경증 환자에 의해 그런 식으로 이해되고 있다. 당연히 이 경향에도 정도의 차이가 있다. 어쨌든 이 경향은 내가 '남성성 항의'라고 부르는 것을 그림처럼 상세하게 보여주고 있다.

독단적인 안내 픽션

신경증 환자는 불안전감을 지속적으로 품고 있다. 따라서 신경증 환자의 경우에 "유추적 사고", 즉 옛 경험에 비춰 문제를 해결하려는 시도가 정상적인 사람에 비해 훨씬 더 강하게 이뤄진다. 신경증 환자가 사람이라면 누구나 직면하게 되는 새로운 것이나 결정 혹은 테스트 앞에서 느끼는 두려움은 환자의 자신감 부족에서 비롯된다. 신경증 환자는 안내 노선에 지나치게 얽매이고, 그 노선을 지나치게 엄격하게 받아들이고, 그 노선을 지나칠 만큼 강하게 현실로 구현하려고 애를 쓴다. 이때 신경증 환자는 어떠한 대안도 고려하지 않는다. 그렇기 때문에 신경증 환자는 자신도 의식하지 못하는 사이에 현실의 문제에 열린 마음으로 객관적으로 접근할 길을 포기하게 된다.

불안전감이 신경증 환자로 하여금 픽션과 안내 노선, 이상(理想), 원리에 지나치게 강하게 매달리도록 강요한다. 물론 정상적인 사람도 이런 안내 원리들을 머릿속에 갖고 있다. 그러나 정상적인 사람에게 안내 원리들은 비유적인 표현일 뿐이며, 아래와 위, 왼쪽과 오른쪽, 옳은 것과 그른 것을 구분하는 하나의 도구일 뿐이다. 보통 사람은 결정을 내려야 하는 상황에 처하면 열린 마음에서 이런 픽션에서 벗어나서 현실을 고려한다. 정상적인 사람에겐 세상의 현상은 엄격히 이분법적으로 구분되지 않는다. 반대로 정상적인 사람은 자신의 생각과 행동을 비현실적인 안내 노선으로부터 떼어놓고 생각과 행동이 현실과 조화를 이루도록 끊임없이 노력한다. 정상적인 사람이 어떤 목적을 이루는 수단으로 픽션을 이용하는 이유는 단지 삶을 설명하는 데 픽션이 유용하기 때문이다.

그러나 신경증 환자는 여전히 세상에서 소외된 상태에서 지내는 의존적인 아이나 원시인처럼 픽션이라는 지푸라기에 매달리고 픽션을 구체화하고, 다시 말해 자의적으로 픽션에 현실성을 부여하고, 픽션을 세상 속에서 구현하려고 애를 쓴다. 이런 상황엔 픽션이 적절하지 않다. 정신증의 경우처럼 픽션이 독단이 될 때엔 픽션은 더더욱 부적절하다. 그러면 이런 식으로 말하는 것이나 마찬가지 상황이 되어 버린다. "길을 잃은 것처럼 행동하고, 세상에서 가장 훌륭한 존재인 것처럼 행동하고, 세상에서 미움을 가장 많이 받는 사람처럼 행동하라."

그러면 하나의 비유적인 표현에 지나지 않는 상징이 우리의 말과 생각을 지배하는 상황이 벌어지게 된다. 신경증 환자는 상징을 지나치게 엄격하게 받아들이고, 정신증 환자는 상징을 현실로 구현하려고 시도한다. 신경증 이론에 관한 나의 논문에는 이 점이 언제나 언급되고 또 강조된다.

신경증 환자는 정상적인 개인에 비해서 자신의 신이나 우상, 인격 이상에 훨씬 더 강하게 집착하고, 안내 노선에도 훨씬 더 강하게 매달리며, 깊은 목적을 가진 가운데서 현실을 보지 않게 된다. 반면에 정상적인 사람은 이 도움을, 이 목발을 언제든 버릴 준비가 되어 있다. 이 예에서 보면, 신경증 환자는 신을 우러러보며 신에게 자신을 바친다고 생각하면서 신의 안내를 기다리고 있는 사람과 비슷하다. 말하자면 신경증 환자는 자신의 픽션이라는 십자가에 못 박힌 셈이다.

물론 정상적인 개인도 자신의 신을 창조하고, 위쪽으로 끌릴 것이다. 그러나 정상적인 개인은 절대로 현실을 도외시하지 않을 것이며 행동이나 일이 요구되는 즉시 언제나 현실을 고려할 것이다. 신경증 환자는 허구적인 삶의 계획이라는 마법의 주문(呪文)에 걸린 상태나 마찬가지이다.

여기서 나는 파이힝거의 독창적인 견해를 따르고 있다. 그는 역사적으로 사상은 픽션(현실은 아니지만 실용적으로 유용한 구성개념이다)에서 시작해서 가설로, 그 다음에는 독단적인 의견으로 바뀌는 경향을 보인다고 주장한다. 개인 심리학에서, 이 같은 강도(强度)의 변화는 대체로 정상적인 사람의 사고(하나의 방편으로서의 픽션)와 신경증 환자의 사고(픽션을 현실화하려는 시도), 정신증의 사고(불완전하긴 하지만 안전을 보장해주는, 픽션의 구체화, 즉 독단적 주장)를 구분하는 기준이 된다.

이런 발달 과정을 보여주는 한 예가 신중함이 불안으로 치열해지고, 간혹 재앙에 대한 예상이 우울증으로 구체화되는 현상이다. 안전을 성취하는 이 3단계는 다음과 같이 설명될 수 있다. 신중함(정상적인 사람, 픽션)은 '마치 내가 돈을 잃을 수도 있는 것처럼'

'마치 내가 아래로 처질 수도 있는 것처럼' 행동하는 것이다. 불안(신경증 환자, 가설)은 '마치 내가 돈을 잃을 것처럼' '마치 내가 아래로 처질 것처럼' 행동하는 것이다. 우울(정신증, 독단적 주장)은 '마치 내가 돈을 잃은 것처럼' '마치 내가 아래로 처진 것처럼' 행동하는 것이다. 바꿔 말하면, 불안전감이 강할수록, 현실로부터의 분리를 통해서 픽션이 더욱 강조되고 따라서 픽션은 독단적인 주장에 더욱 가까이 다가서게 된다. 환자는 내면에 자신을 안내 노선에 더욱 가까이 데려다줄 온갖 것들을 배양하고 육성하게 되며, 그러면 이 안내 노선은 환자에게 안전을 안겨주고, 따라서 아주 좁은 집단 안이긴 하지만 효과를 발휘하게 된다. 이 과정에 현실은 경시되고, 사회에 제대로 적응된 경로들은 점점 더 불충분한 것으로 드러난다.

프로이트의
리비도 이론에 대한 비판

비판을 한다기보다는 나 자신의 견해를 드러내기 위해, 나는 프로이트의 소중한 논문들 중에서, 특히 그의 근본적인 견해들 중에서 잘못된 견해 3가지를 지적할 생각이다. 이 견해들이 신경증에 대한 이해를 더욱 높이는 데 방해가 되고 있기 때문이다.

리비도, "권력 의지"

첫 번째 반대는 리비도를 신경증의 원동력으로 이해하는 것에 관한 것이다. 어떤 목표가 쾌락 감정과 그 감정의 변경과 힘을 원래의 방향으로 계속 나아가도록 한다는 사실은 정상적인 상태보다 신경증에서 훨씬 더 명확하게 드러난다. 그래서 신경증 환자가 자신의 심리적 에너지 중에서 소위 건강한 부분만을 갖고 쾌락을 성취하려고 노력하는 한편, 그의 심리적 에너지 중 신경증적인 부분에서는 "보다 높은" 목표들이 작동할 수 있다.

만일 "리비도"가 수많은 의미를 지니는 "사랑"으로 번역된다면, 리비도라는 표현의 의미를 확장하면서 현명하게 사용할 경우에 이 단어는 우주에서 일어나는 모든 일에 쓸 수 있게 될 것이다. 그러나 그렇게 한다 하더라도, 우주에서 일어나는 사건들에 대한 설명은 이뤄지지 않을 것이다. 이런 식으로 리비도라는 단어를 두루 사용함에 따라, 많은 사람들이 인간의 충동은 무엇이든 "리비도"로 충만하다는 인상을 받고 있다. 실제로 현실을 보면 운이 좋은 사람만이 리비도에 투입한 것을 뽑아낼 수 있을 뿐인데도 말이다. 프로이트의 최근 해석을 보면 그의 리비도 이론이 개인 심리학의 사회적 관심 쪽으로, 그리고 인격 이상을 추구하려는 노력 쪽으로 급격히 이동하고 있는 것처럼 보인다. 리비도에 대한 이해가 점점 높아지고 있다는 관점에서 보면, 이것은 크게 환영할 만한 일이다.

개인 심리학은 신경증 환자가 자긍심을 높이려고 노력한다는 사실을 발견했다. 이런 노력이 가장 단순한 형태로 나타나고 있는 곳이 바로 과장된 남성성 항의이다. 이 공식, 즉 "난 진짜 남자가 되고 싶다"는 소망은 모든 신경증에서 안내 픽션의 역할을 하고 있으며, 정상적인 정신보다 신경증에 훨씬 더 큰 가치를 지닌다. 바로 이 안내 픽션을 리비도나 성적 욕구, 일탈의 온갖 경향들은 따르고 있다. 니체의 "권력 의지"는 개인 심리학의 개념 중 많은 것을 포함하고 있으며, 우리의 개념은 샤를 페레(Charles Féré)와 다른 저자들의 견해와도 여러 면에서 겹친다. 이들의 이론에 따르면, 쾌락 감정은 권력의 느낌에, 불쾌감은 무력감에 그 뿌리를 내리고 있다.

성적인 병인(病因), 하나의 메티포

두 번째 반대는 신경증의 원인을 성적인 것으로 보는 프로이트의 근본적인 견해에 관한 것이다. 예전에 피에르 자네(Pierre Janet)가 이런 질문을 던졌을 때, 그도 이 견해에 가까이 다가갔다. "그렇다면 성적인 감정이 가운데에 있고, 그것을 중심으로 다른 심리적 통합체들이 구축되어야 하는 것이 아닌가?" 성적 비유의 유용성이 확인되면서, 많은 사람들, 특히 신경증 환자가 그 성적 비유를 하나의 실체로 여기기에 이르렀다. 신비주의자들, 예를 들어 프란츠 폰 바더(Franz von Baader) 같은 사람들 사이에서 그런 식의 표현이 종종 보인다. 언어도 유추의 경향을 갖고 있기 때문에 의심하지 않는 연구자에겐 무시할 수 없는 함정이 된다. 이 유용성이 심리학자들까지 속여서는 안 된다.

신경증의 성적인 내용은 주로 "남성성과 여성성"의 대조에서 비롯되며, 남성성 항의에서 변화한 것이다. 신경증 환자의 삶과 공상에 나타나는 성적 자극은 남성적인 목표 쪽으로 향하고 있으며, 이 성적 자극은 실제로 보면 충동이 아니라 강박이다. 성적 신경증의 전체 증상은 환자가 허구적인 남성적 목표로부터 떨어져 있는 거리를 보여주고 또 그 거리를 극복하거나 영속화하려는 시도를 보여주는 하나의 비유일 뿐이다.

삶 속의 상징에 대해 너무나 잘 아는 프로이트가 성적 통각 속의 상징을 해결하지 못하고 또 성적인 것을 하나의 비유적 표현 방식으로 받아들이지 못한 것은 좀 이상하다.

목표의 자극을 받는 유아적 소망

그러나 세 번째 근본적인 실수, 즉 신경증 환자는 유아기 소망, 특히 근친상간 소망에 휘둘리고 있다는 프로이트의 주장을 고려한다면, 프로이트가 성적인 것을 비유적인 표현으로 받아들이지 못한 것이 이해될 것이다. 이 유아기 소망은 매일 밤 살아나는 것으로 여겨지지만(꿈 이론), 일부 경우에 현실 속에서도 살아난다. 그러나 현실 속에서 일어나는 모든 유아기 소망들은 그 자체로 이미 허구적인 종국적 목표의 영향 아래에 놓여 있으며, 이 소망들은 대체로 안내 사상의 역할을 하지만 이때는 조정을 거친 사상의 성격을 지닌다. 또 이 소망들은 사고의 경제 때문에 생각을 위한 상징으로 아주 적합하다.

병에 걸린 소녀가 하나 있다고 가정해 보자. 이 소녀는 특별히 불안전한 느낌을 받으면서 어린 시절 내내 자기 아버지에게 의지하고 있고, 그렇게 함으로써 자신이 자기 어머니보다 우월하기를 바라고 있다. 이런 소녀라면 이 심리적 상황을 간혹 "근친상간 비유"로 표현할 수 있다. 마치 소녀가 자기 아버지의 아내가 되기를 원하는 것처럼. 그러나 그것으로 인하여 소녀의 최종적 목표는 제시되어 이미 효력을 발휘하고 있다. 소녀가 아버지와 함께 있음으로써 불안전감을 물리치고 있는 것이다. 점점 높아지고 있는 소녀의 정신운동 지능과 무의식적으로 영향을 받는 그녀의 기억은 모든 불안전감에 똑같은 공격성으로 대응하고 있다. 마치 소녀가 자기 아버지의 아내인 것처럼 아버지에게서 피난처를 찾으려는 태도를 보이고 있는 것이다. 거기서 그녀는 보다 높은 자긍심을 발견한다. 그런데 이 자긍심은 그녀가 목표로 설정했던 바로 그것이며, 또 그녀가 어린 시절의 남성성 이상(理想)에서 차용한 것, 즉 열등감에 대한 과잉 보상이다.

그녀가 구애나 결혼 앞에서 크게 놀라게 될 때, 구애나 결혼이 그녀의 자긍심을 깎아내리겠다고 위협하는 한, 다시 말해 그녀가 아버지와 함께 있을 때보다 더 힘든 어려움을 발견하는 한, 그녀는 상징적으로 행동한다. 그녀는 여자의 운명을 거부할 준비가 되어 있는 상태이다. 이 같은 준비가 그녀로 하여금 그 동안 계속 안전을 발견할 수 있었던 거기서, 말하자면 자기 아버지한테서 안전을 찾도록 만든다. 그녀는 어떤 계략을 채택하고 터무니없는 픽션에 따라 행동하지만, 그것으로 여자의 역할을 피한다는 자신의 목표만은 확실히 성취할 수 있다.

이 소녀의 불안전감이 클수록, 그녀는 자신의 픽션에 더욱 강하게 매달리면서 그것을 거의 글자 그대로의 의미로 받아들일 것이다. 인간의 사고가 상징적 추상을 좋아하기 때문에, 환자는 가끔 근친상간 충동의 상징에서 안전을 신경증적으로 추구할 길을 포착하는 데 성공한다.

목적을 추구하는 이 정신적 과정에서 프로이트는 유아기 소망이 부활하는 것을 보았어야 했다. 그가 유아기 소망이 원동력이라고 주장했기 때문이다. 이 같은 유아적인 작동 방식에서, 또 신경증적 픽션으로밖에 볼 수 없는, 안전을 지키기 위한 가설을 광범위하게 적용하고 있다는 사실에서, 또 이처럼 오랫동안 이어지는 준비에서, 또 강력한 추상과 상징화의 경향에서, 우리는 안전을 확보하고 자긍심을 높이고 남성성 항의를 표현하길 원하는 신경증 환자의 적절한 수단들을 파악할 수 있다.

신경증은 그릇된 의도들이 실행되는 과정을 우리에게 보여준다. 모든 사고와 행동은 어린 시절 경험까지 거슬러 올라갈 수 있다. 따라서 프로이트의 "퇴행"에 대해 말하자면, 심리적으로 아픈 사람도 심리적으로 건전한 사람과 다르지 않다. 둘 사이의 차이점은 심리적으로 아픈 사람이 아주 광범위하게 영향을 미치는 실수들을 바탕으로 하고 있고 또 삶에 대해 나쁜 태도를 취하고 있다는 점이다. 퇴행은 그 자체로 정상적인 형태의 사고이고 행동이다.

신경증 속의 성욕

성욕의 제한적 역할

성욕은 모든 사람의 삶에서 비슷하게 중요하다. 따라서 신경증이 성욕 없이 일어날 수도 있는지를 묻는 것은 무의미한 질문일 것이다. 그보다는 성욕을 온갖 신경증 징후들의 형성을 포함한 모든 것들의 시작이자 끝으로 볼 수 있는지를 묻는 것이 더 합당하다. 이 물음에 대해 나는 성욕 하나만을 놓고 설명하지 않고 모든 욕구들의 총합 속에서 성욕의 발달에 대해 간단히 설명하는 것으로 대답하고 싶다.

생물학적으로 말한다면, 먹거나 보거나 만지려는 욕구를 포함한 모든 욕구들이 성적인 요소를 갖추고 있다는 식으로 말할 수 없다. 그보다는 유기체의 진화가 세포 안에 원래부터 들어 있던 잠재력을 분화시키는 방향으로 이뤄졌다고 주장하는 것이 타당할 것이다. 따라서 영양기관은 소화 흡수의 의지와 필요를 따랐고, 감각과 청각, 시각기관은 느끼고 듣고 보는 의지와 필요를 따랐고, 생식기관은 후손을 두려는 의지와 필요를 따랐다.

이 모든 신체 기관들을 보호할 필요성이 대단히 커졌다. 그래서 보호는 두 가지 측면에서, 즉 고통 감각과 쾌락 감각을 통해서 이뤄지게 되었다. 그러나 이것만으로 충분하지 않았으며, 그래서 세 번째 보호 수단이 사고 기관으로 발달했다. 바로 뇌이다. 자연의 실험실에선, 이 3가지 보호 수단의 변형들이 발견될 수 있다. 열등한 신체기관에서 고통과 쾌락의 감각이 특별히 예민할 수도 있고 말초신경 결함도 일어날 수 있다. 변이가 가장 많이 일어나는 부위인 중추신경계가 최종적 보상을 담당한다.

아이가 다형도착(多形倒錯)이라거나 전후도치(前後倒置) 현상을 보인다는 진술은 시적(詩的) 표현 같은 것에 지나지 않는다. "성적 성향"은 경험과 교육을 통해, 특히 신체기관의 열등을 바탕으로 의지대로 배양될 수 있다. 심지어 조숙성까지도 늦추거나 당길 수 있다. 가학적 충동과 피학적 충동도 단순히 늘 존재하는, 지지에 대한 욕구와 독립을 추구하려는 충동의 무해한 관계에서 발달한 것에 지나지 않는다. 남성성 항의가 개입하며 분노와 화, 반항 등을 강화하기만 하면 그런 현상이 나타날 수 있다.

오직 성기만이 정상적인 사람의 삶과 신경증 환자의 삶에서 성적 요인을 발달시킨다. 성욕이 전체 충동과 그 원인들과 연결되듯이, 다른 모든 충동도 성욕과 연결된다. 대략 생후 1년쯤 뒤, 그러니까 성욕이 눈에 띌 수준에 이르기 전에, 아이의 심리적 삶은 이미 풍성하게 발달한다.

반항, 그리고 남성성에 대한 평가

프로이트는 아달베르트 체르니(Adalbert Czerny)를 포함한 몇몇 저자들의 견해, 말하자면 변기에서 부모의 말을 듣지 않고 고집을 부리는 아이들이 종종 신경과민 현상을 보인다는 견해에 대해 언급하고 있다. 다른 저자들과 반대로, 프로이트는 이 반항을 아이들이 대소변을 몸 안에 담고 있는 동안에 성적 쾌감을 느끼는 경험으로까지 더듬어 올라간다. 나 자신은 이런 종류의 예를 한 번도 보지 못했지만, 그래도 나는 대소변을 몸에 담고 있을 때 그런 감각을 느낄 만큼 감각적인 아이라면 반항기가 발동할 때 그런 식으로 저항할 수 있다는 점에 대해서는 동의한다. 열등한 신체기관이 어디냐에 따라 징후들의 위치가 결정되겠지만, 여기서 중요한 요소는 바로 반항이다.

반항기가 심한 아이들의 경우에 변기로 데려가기 전에 변을 보거나 변기 바로 옆에 변을 보는 예를 나는 훨씬 더 자주 보았다. 그런 아이들은 소변을 볼 때에도 똑같은 행동을 보였다. 음식을 먹거나 물을 마실 때에도 마찬가지이다. 어떤 아이들에게 물을 주는 횟수를 줄여보라. 그러면 아이들의 "리비도"가 무한정 상승할 것이다. 또 아이들에게 규칙적으로 음식을 먹는 것이 중요하다고 말해

보라. 그러면 아이들의 리비도는 금방 제로로 떨어질 것이다. 그런 "리비도의 양"을 진지하게 받아들이며 비교의 대상으로 삼는 것이 과연 옳은 일일까? 생후 13개월이 될 때까지 서거나 걷는 것을 제대로 배우지 않은 소년이 있다. 우리가 아이를 앉히면, 아이는 일어설 것이다. 아이에게 "앉아!"라고 말하면, 아이는 계속 서서 짓궂은 표정을 지을 것이다. 6세 된 소년의 누나는 동생을 앉혀야 하는 상황에 "계속 서 있어!"라고 말했다. 그러자 아이는 앉았다. 이런 것들이 바로 남성성 항의의 시작이다. 그러는 사이에 계속 커가고 있는 성욕은 지속적으로 남성성 항의의 영향과 충동에 고스란히 노출된다.

남성성에 대한 평가도 꽤 일찍부터 시작된다. 나는 한 살짜리 소년과 소녀들이 남자들을 확실히 더 선호하는 것을 확인할 수 있었다. 어린 소년들과 소녀들이 남자를 더 좋아하도록 만드는 것은 아마 남자의 당당한 목소리와 외모, 몸집, 힘, 차분함 등일 것이다. 나는 칼 융(Carl Jung)의 '아이의 영혼의 갈등에 관하여'(On Conflicts of the Soul of the Child)에 대한 리뷰에서 이 같은 가치 평가를 비판적으로 지적했다. 이런 평가가 종종 남자가 되고 싶다는 소망을 일으킨다.

일전에는 두 살짜리 소년이 이런 말을 하는 소리를 들었다. "엄마도 바보, 유모도 바보, 토니(요리사)도 바보, 우시(누나)도 바보, 할머니도 바보!" 그래서 할아버지도 바보냐 라고 물었더니, 아이는

"할아버지는 위대해."라고 대답했다. 이 아이가 자기 아버지를 예외로 했다는 사실에 모두가 주목했다. 이것은 존경의 표시로 받아들여져야 한다. 그러나 아이가 주변의 모든 여자는 어리석고 자신을 포함한 모든 남자는 똑똑하다는 식으로 말하기를 원한다는 점을 모두가 쉽게 이해할 수 있다. 아이는 어리석음과 여자를, 똑똑함과 남자를 동일시하고 있다. 이 공식이 아이 자신에게 중요성을 부여한다.

신체기관이 열등하거나, 장애를 가졌거나, 불안전함을 느끼거나, 창피와 처벌을 두려워하는 아이들이 신경증을 일으키기 쉬운 그런 갈망과 성급함을 발달시킨다는 점을 나는 몇 편의 논문에서 지적했다. 그런 아이들은 초기에 자신들의 가치를 테스트하는 것을 피하거나 자신의 예민한 감수성에 상처를 입힐 일을 피할 것이다. 그런 아이들은 숫기 없고 얼굴이 쉽게 빨개지고, 능력 테스트를 피하고, 아주 어릴 때부터 자발성을 잃는다. 이런 불쾌한 조건은 자신을 보호할 수단을 찾도록 강요한다. 그런 아이들은 귀여움을 받기를 원하거나, 모든 것을 혼자서 하기를 원하거나, 모든 일을 두려워하거나, 끊임없이 책을 읽는다. 대체로 그런 아이들은 조숙하다. 그런 아이들이 지식에 목말라하는 것은 자신의 불안전에 대한 보상의 산물이며, 지식에 대한 갈증 때문에 아이들은 어린 나이에 출생과 남녀 차이에 대해 의문을 품게 된다. 섹스 과정에 대한 지식이 엉성하게라도 확보되기만 하면, 이런 식으로 지속되는 공상 활동은 성욕을 위한 자극으로 이해되어야 한다. 여기서도 마찬가지로 아이들의 목표는 자신들의 남성성을 증명하는 것이다.

출생에 관한 공상, 거세에 대한 생각, 혹은 아래쪽에 있는 것에 대한 생각, 가쁜 호흡 등이 신경증에 나타날 때, 이런 것들은 소망도 아니고 억눌린 공상도 아니고 굴복에 대한 두려움을 상징적으로 표현하는 것이다. 신경증 환자는 바로 이 두려움으로부터 자신을 안전하게 지키려고 노력하거나, 이 두려움을 하나의 경고로 떠올린다.

여성의 지배에 대한 두려움

그러나 나 자신이 드물게 고려했지만 자주 보이는 유형은 의지가 강하고 남자 같은 어머니를 둔 아들이다. 그런 아들의 내면엔 여성에 대한 두려움이 깊이 배어 있다. 그들의 공상에서, 남자 같은 여자, 즉 위에 서길 원하고 남자가 되길 원하는 여자가 종종 어떤 역할을 한다. 아니면 그들은 '페니스 캅티부스'(penis captivus: 섹스 중에 질 경련으로 남자 성기가 꽉 끼어 빠지지 않는 현상/옮긴이)를 상징하는 공상에 빠진다. 말하자면, 개들의 교미에서 이미지를 빌려, 여자로부터 자유롭지 못할 수 있겠다는 두려움을 표현하는 것이다.

남자 같은 어머니를 둔 아들들은 스스로 조심하기 위해 엄청나게 과장한다. 그들에겐 자신들의 육욕이 엄청나게 커 보이고, 여자는 악마가 되고, 따라서 그들의 불신은 성적 불능에 이를 만큼 커진다. 그들은 모든 소녀를 세심하게 검사하고 감시해야 한다.

여기서도 다시 질문이 떠오른다. 신경증 환자가 우리에게 리비도로 보여주는 것은 진짜 리비도인가? 이 질문에 우리는 "노"라고 대답할 것이다. 신경증 환자의 성적 조숙은 강요되는 것이다. 신경증 환자의 자위 충동은 그의 반항기를 충족시키고 또 악마 같은 여자에 맞서는 보호 수단이 되어 주고, 그가 "열정"으로 여기는 "사랑"은 오직 승리만을 노리고 있다. 그가 속박으로 여기는 사랑은 "합당한" 파트너를 선택하지 않는 것을 목표로 잡고 있는 일종의 게임이며, 일탈적인 그의 공상들, 심지어 적극적인 일탈까지도 오직 그가 사랑을 멀리하도록 하는 데에 이바지하고 있다. 이 공상들이나 일탈은 물론 그에게 하나의 대체물의 역할을 하지만, 그가 그런 길을 걷게 되는 이유는 단지 그가 영웅의 역할을 하기를 원하고 또 정상적인 길을 걷다가는 수레바퀴에 깔리고 말 것이라는 두려움을 느끼기 때문이다. 신경증의 "핵심 문제", 즉 근친상간 공상은 대체로 그 사람으로 하여금 자신의 내면에 압도적인 리비도가 작용하고 있다는 점을 믿게 만들고, 그렇게 함으로써 "진짜" 위험을 최대한 피하도록 하는 역할을 한다.

성욕이 개인적인 수단으로 이용되는 예

현재 나의 치료를 받고 있는 환자의 예를 제시할 생각이다. 아직 치료 중이긴 하지만 이 환자의 신경증의 구조가 너무나 분명하기 때문에 나의 주장을 뒷받침하는 예로 손색이 없을 것 같다.

환자는 22세 제도공(製圖工)이다. 지난 1년 반 동안 손이 자주 떨리고, 몽정이 잦은 것이 불만이다. 그는 5세에 아버지를 잃었다. 그의 아버지는 앞을 보지 못하게 되었으며 세상을 떠나기 전 마지막 3년 동안에는 걷지도 못하고 혼자서 서 있지도 못하는 상태가 되었다. 환자는 열일곱 살이 되어서야 아버지가 척수로(脊髓癆)로 죽었다는 사실을 알게 되었다. 과도한 성교 때문에 생기는 것으로 여겨지던 병이었다. 당시에 자위행위를 자주 하던 환자는 아버지의 죽음의 원인을 알고는 자신의 미래에 대해 크게 놀라게 되었다.

이 환자에겐 자신의 미래에 두려움을 느끼는 일이 자주 일어났다. 어린 소년일 때 그는 형제들이나 소꿉동무들보다 허약하고 작았으며, 언제나 어머니의 보호를 원했다. 환자의 어머니도 당시에 막내이던 그의 응석을 받아주었다. 그는 언제나 소심하고 수줍어했다. 그러나 그는 곧 친구들 사이에서 자신이 제일이라고 주장하면서 결정권을 휘두르려 드는 그런 아이가 되었다. 그러다 보니 나의 환자는 그 후로 친구를 하나도 사귀지 못하게 되었다. 곧 그는 학교에서 배우는 것뿐만 아니라 성적인 것에 이르기까지, 모든 것을 알기를 원했다. 그의 야망은 위대한 인물이 되는 것이었고, 그는 형제들 중에서 유일하게 고등학교에 진학한 아이였다.

다음과 같은 초기의 기억은 그의 어린 시절의 남성성 항의를 보여주고 있다. 풀밭에 드러누워 있던 그는 구름 속에서 그의 아버지의 형상을 보았다. 여자처럼 약골이었던 그는 여자의 자세를 취하고 있고, 그의 아버지는 하늘 위에서 남자의 자세를 취하고 있었다.

그는 최근까지도 여자 같은 특징을 보였으며, 아이일 때에는 동무들로부터 종종 소녀의 역할을 맡으라는 요구를 받고 소녀의 복장을 했다. 오랫동안 그는 두 살 많은 누나와 침대를 같이 썼으며, 이 누나를 통해서 성적 호기심을 채울 수 있었다. 그는 간혹 엄마나 누나와 근친상간을 하는 꿈을 꾸었다.

그의 어머니는 대단히 도덕적이었으며, 그는 형들이 이성을 사랑할 나이가 되었을 때 어머니가 형들을 엄하게 다루는 것을 지켜볼 수 있었다. 그의 어머니는 자식들의 결혼과 관련해서 물질적인 문제에 관심을 많이 보였으며 딸이 가난하게 산다는 이유로 사위 하나를 오랫동안 괴롭히기도 했다. 전반적으로 볼 때, 그의 어머니는 모든 면에서 그를 지배했다.

나의 환자는 아홉 살 때부터 발기를 경험하고 자위행위를 했다. 훗날엔 소녀들과 함께 있을 때 발기를 더 자주 경험하게 되었다. 14세부터는 자위행위를 자주 했다. 이런 점 때문에 소녀들과 함께 있는 것이 그에게 너무나 부담스러웠다. 그래서 그는 혼자 있기를 더 좋아하게 되었다. 그는 자신의 성적 리비도가 너무나 강해서 제대로 다루기 어려울 정도라고 믿기에 이르렀다.

그가 아버지의 병에 대해 알게 되면서 아버지도 자기만큼 섹스를 밝혔을 것임에 틀림없다고 단정하게 되었을 때, 이것이 그에게 큰 충격을 안겨주었다. 그래서 그는 자위행위를 중단하게 되었다. 그는 발기에 대한 두려움에도 불구하고 소녀와 자주 키스를 했지만 그 후론 오랫동안 소녀들을 만날 만한 장소를 일부러 피했다.

그렇다면 그의 리비도가 정말로 그가 생각하는 것만큼 컸을까? 그가 소녀와 함께 있는 것을 두려워함으로써 자신을 안전하게 지켜야 했을 만큼 그의 리비도가 특별히 컸을까? 몇 가지 사실이 이 질문에 대해 그렇지 않다고 대답할 것이다. 그는 농촌 환경에서 자랐으나 훗날 고등학교 때에는 혼자 지냈다. 그래서 고등학교 시절에 성교의 기회가 많았을 수도 있다. 어떤 소녀들은 그에게 아주 적극적으로 나왔다. 앞에서 언급한 바와 같이, 그는 자기 아버지의 병과 그 병의 원인에 대해 알게 된 직후 자위행위를 그만두었다. 그리고 얼마 뒤에 그는 정상적인 성교를 했으나 그리 빈번하지는 않았으며 그에 따를 대가를 떠올림으로써 성교를 쉽게 억제할 수 있었다. 그는 자신에게 호의를 보이는 소녀들을 정복한 뒤에는 어김없이 그들을 버렸다. 훗날 그들에게서 벗어나지 못할 수도 있다는 두려움 때문이었다. 그는 모든 여자를 과도할 정도로 섹스를 밝히고 자신을 지배하길 원하는 악마 같은 존재로 상상했다. 그의 머리에선 그런 여자 앞에서 자신이 약해질 수 있다는 생각이 지워지질 않았다. 그러나 그는 단호한 태도를 그대로 간직할 수 있었다. 동시에 그는 여자들을 멸시하고, 열등한 존재로 보고, 불신하고, 언제나 이기적인 동기를 품고 있는 존재로 여겼다.

2년 전에 그는 가난하지만 아름다운 소녀를 만났다. 이 소녀는 첫눈에 그를 사로잡았다. 두 사람이 결혼에 대해 생각하고 있을 때, 그는 잦은 몽정으로 힘들어 하기 시작했으며 매춘부와 관계를 가질 때에는 조루나 발기 부전을 보이기도 했다. 바로 그때 그는 직장에서 손을 떨기 시작했다. 그래서 도면을 그리는 작업이 여간 어렵지 않게 되었다. 또 말을 하면서 머뭇거리는 현상도 생겨났다. 그러나 이 징후들은 오직 전날 밤에 성교를 했거나 몽정을 한 뒤에만 나타났다.

가장 먼저 떠오른 가정, 즉 그가 자기 아버지가 떠는 것을 보았을 수 있으며 지금 자신을 놀라게 만들기 위해 아버지를 모방하고 있다는 가정에 대해서는 환자가 동의하지 않았다. 그러나 그는 고등학교 때의 어느 선생이 몸을 떨고 말을 하면서 멈칫거리곤 했다는 사실을 떠올렸다. 그런 다음에 나의 환자는 그것을 젊었을 때 성교를 대단히 많이 한 사람들의 내면에 남아 있는 옛 시대의 흔적으로 해석했다. 그는 또 떨림과 말더듬이 몽정 때문이라고 주장한 글을 읽은 적이 있었다.

곧 있을 결혼에 대한 그의 생각에서 정보가 추가로 나왔다. 그의 어머니는 아들의 결혼에 불만을 품을 것이고, 부유한 친척들은 그를 경멸할 것이고, 소녀는 오직 물질적인 이유로 그와 결혼할 것이고, 소녀는 관능적이어서 그를 육욕의 황홀경으로 끌어들일 것이고, 그도 색을 밝힐 것이고, 그의 자위행위와 몽정, 성관계들의 영향이 이미 작용하고 있을 것이라는 생각이 그를 괴롭히고 있었다. 이런 여러 가지 추측을 바탕으로 그는 그녀를 멀리하고 있었다. 그러면서도 그는 그녀를 완전히 제거할 수 있는 방법에 대해선 모르고 있었다. 그의 망설임은 "노"라고 말하는 것이나 마찬가지이며 동시에 그를 다른 소녀들로부터도 보호해주고 있다.

오늘 그는 미래의 언젠가 자신을 위협할 것을 자신이 기억하도록 하기 위해 몸을 떨고 있다. 그는 다시 여자의 손아귀에 쥐어 사는 데 대한 근본적인 두려움으로부터 달아나기 위해 몸을 떨고 있다. 어머니와의 사이에서 이미 그런 관계를 겪었기 때문이다. 그는 아버지의 운명이나 옛날 선생의 운명을 피하기 위해 몸을 떨고 있다. 그는 자신의 육욕과 소녀의 육욕뿐만 아니라 악마 같은 여자를 피하기 위해 몸을 떨고 있다. 그리고 그는 자신의 소망과 반대로 자기 어머니의 소망을 충족시키기 위해, 말하자면 이 소녀와 결혼을 하지 않기 위해, 결과적으로 여자에 대한 자신의 의존을 증명하기 위해 몸을 떨고 있다.

이것이 그가 그 소녀만 아니라 자신까지도 과도한 색욕을 갖고 있다고 생각하게 된 이유이며, 또 그가 발기와 몽정을 자주 한 이유이기도 하다. 발기와 몽정은 주로 그가 발기와 몽정을 원하고 필요로 하기 때문에 일어나고, 또 그가 성적인 문제에 지속적으로 생각하고 있기 때문에 일어난다.

여기서 나는 다시 묻고 싶다. 이 신경증 환자의 리비도를 어떻게 평가해야 하는가? 모든 것이 합목적적인 어떤 부자연스런 결과물을, 다시 말해 자산이면서 동시에 부채인 그런 어떤 결과물을 고안하고 배열하고 확대하고 왜곡하는 그런 리비도를 말이다.

다음 꿈은 이런 특징들을 두루 반영하고 있으며 가장 중요한 꿈 경향, 즉 안전을 지키려는 경향을 강조하고 있다. "가슴이 풍만한 젊은 여인이 소파에 벌거벗은 채 앉아 있다. 나는 그녀가 무슨 말을 하는지 모르겠다." 그는 매춘부에 대해 생각하고 있으며, 그가 벌거벗은 여자를 보는 순간에 그의 감각이 그에게서 사라져 버린다. "그녀는 나를 유혹하려 하고 있다." 악마 같은 여자다. "나는 그녀의 유혹을 따를 생각이었지만 마지막 순간에 나 자신이 몽정을 하려 한다는 것을 깨닫고는 그녀에게서 떨어졌다." 여자가 없는 삶의 길을 택하려는 시도이다. 대체로 꿈은 척수로의 외적 요인인 몽정과 성교에 대한 경고이다.

척수로는 매독의 결과라고 간단히 설명해줘도 그의 징후엔 아무런 효과가 없었다. 오직 자신을 과도하게 보호하려는 경향을 이해하고 나서야 떨림이 멈췄다.

그렇다면 이 신경증의 핵심 문제는 무엇인가? 근친상간 공상은 단지 과장되고 범죄적인 공상에 대한 그의 믿음을 보증하는 목적에만 기여했을 뿐이다. 자위행위를 하려는 그의 성향을 억누르는 것은 비교적 쉬웠는데, 이 억압에 이어 자위행위보다 더 나은 보호 수단인 몽정이 따랐다. 그가 결혼에 직면해서 자신이 다시 예전처럼 아래에 있을 것 같다는 두려움을 품게 되었을 때, 말하자면 꼭대기에 있던 아버지 같은 남자와 달리 다시 여자의 영향 아래에 놓이면서 만천하에 자신의 열등을 인정해야 하는 상황에 처할 때, 그는 "병"에 걸리게 되었다.

덧붙여 말하자면, 그는 남자들에게 종속되는 것도 마찬가지로 참아내지 못했다. 그는 남자들을 지속적으로 경시했으며, 남자들과의 관계도 나빴다. 그가 자주 꾸는 시험 꿈에 나타난 선생들과의 관계도 그랬고, 언젠가 그의 떨림 발작을 직접 목격했던 상사와의 관계도 그랬다.

그렇다면 성욕이 어떻게 신경증에 끼어들게 되며, 성욕이 신경증에서 하는 역할은 무엇인가? 열등감과 강력한 남성성 항의가 존재할 때, 성욕이 일찍 일깨워지고 자극을 받는다. 성욕은 거대한 것으로 여겨지고 느껴진다. 그래야만 환자가 적시에 자신을 보호할 수 있을 것이다. 아니면 환자의 경향에 따라 성욕은 하나의 요소로서 평가 절하되거나 제거되기도 한다. 대체로 말해, 신경증 환자의 성적 충동이나 교양인의 성적 충동이나 똑같이 순수한 것으로 받아들일 수 없으며, 또 성적 충동을 건강한 정신생활이나 병에 걸린 정신생활의 근본적인 요소로 여길 수도 없다. 성적 충동은 절대로 원인이 아니며 언제나 의도적으로 만들어진, 개인적 노력의 구성요소이자 수단이다.

어떤 사람이 삶을 대하는 진정한 태도는 그 사람의 첫 번째 꿈과 회상에서 이미 명확하게 드러날 수 있다. 이는 회상이 계획적인 절차에 따라 해석되고 있다는 점을 뒷받침하는 증거이다.

나의 환자가 처음으로 꾼 꿈, 그러니까 생후 5년차에 꾼 꿈은 이런 내용이었다. "수소가 나를 뒤쫓으며 뿔로 받으려 들었다." 나의 환자는 오랫동안 병상에 누워 지내던 아버지가 죽은 직후에 이 꿈을 꾼 것으로 믿고 있다. 구름 속에서 아버지를 본 그 공상과 이 꿈 사이에 어떤 연결이 확인되자, 소년일 때 죽음을 두려워했다는 생각이 떠오른다. 죽음에 대한 두려움이라는 부분의 "재구성"은 아마 아버지의 척수로와 환자에게 큰 충격을 안겼던 아버지의 죽음을 고려한 결과였을 것이다. 게다가 수소는 시골에서 자란 소년에게 남성성을 상징했을 것임에 틀림없으며, 그 꿈은 수소에 쫓기는 그를 남자답지 못한, 즉 여자 같은 역할을 하는 것으로 묘사했다. 꿈에 대한 해석을 이 정도로 깊이 들어가지 않더라도, 누구나 이 꿈에서 아이가 암울한 예감에 휩싸여 있다는 느낌을 받을 수 있다.

두 번째 꿈도 불길한 예상을 계속 보여주고 있다. 그는 추락하다가 어떤 거친 표면에 내린 것 같은 느낌을 받았다. 추락하는 꿈은 언제나 꿈을 꾼 사람의 비관적인 신중함을 암시하며, 이 비관적인 신중함은 나쁜 가능성, 즉 "아래에 있을" 가능성으로 그를 놀라게 만들고 있다.

그의 최초의 회상은 학교에 입학한 첫날에 서둘러 여자 학교로 갔다가 남자 학교로 보내졌을 때 울었다는 내용이다. 우리는 이것을 그의 아버지처럼 아프거나, 비참하거나, 죽거나, "아래에 있거나" 하지 않고, 모든 사람들의 평가 그대로 집안일을 남자처럼 처리했던 그의 강인한 어머니에게서 발견한 여자의 역할에 맞춰, 건강하고 강인하고 생생한 미래를 추구하려는 그의 욕망을 상징적으로 보여주는 것으로 받아들일 수 있다.

남자의 역할을 제대로 준비하지 않은 탓에 신경증적 현상을 포함한 모든 면에서 나타나는 망설임은 그의 심리적 삶의 축이 되었다. 그의 성생활은 당연히 이 축과 일치했다.

억압에 대한 비판

억압과 문화의 관계

프로이트가 제안하고 설명한 "억압"에 대해선 모두가 잘 알고 있을 것이라고 생각한다. 그러나 억압의 원인과 억압이 신경증으로 이어지는 경로는 프로이트 학파가 생각하는 것만큼 분명하지 않다. 억압의 원인과 억압과 신경증의 관계를 설명하려는 노력이 전개되는 과정에, 보조적인 개념들이 아주 많이 제기되었다. 그런데 이 개념들은 종종 증명되지 않았거나 심지어 증명이 불가능하기도 하다. 물리학이나 화학에서 차용한 개념들도 그렇긴 마찬가지이다. 물리학이나 화학에서 빌린 개념들을 보면 "댐 같은 것으로 가로막기"와 "압력 상승", "고착", "유아기 경로로의 역류", "투사" "퇴행" 등이 있다.

프로이트 학파의 논문들을 보면 억압의 원인들이 지나치게 건성으로 이해되고 있다. 원인들이 마치 고정관념처럼 받아들여질 뿐만 아니라 그 바탕이 의문스런 직관적 통찰로도 여겨지고 있는 것이다. 성공적이거나 성공적이지 못한 억압에 대해서 말하자면, 억압의 뿌리를 "성적 성향"까지 거꾸로 거슬러 올라가며 더듬는다면 억압의 문제는 더욱더 이상해진다. 그러나 단순히 억압에 대해 언급하는 것은 심리학적 통찰이 부족하다는 점을 드러낸다. "승화"와 "대체 형성"(substitute formation)의 원인들도 마찬가지로 설명되지 않고 있다. 대신에 똑같은 개념이 서로 다른 단어들로 되풀이되고 있다. "유기적 억압"(organic repression)은 단지 하나의 비상구로 나타나고 있으며, 이는 곧 작용의 양식들에 변화가 가능하다는 점을 보여주고 있다. 유기적 억압은 신경증 이론에 거의 아무런 의미를 지니지 못한다. 그래서 억압된 충동과 충동 콤플렉스, 억압된 콤플렉스, 억압된 공상, 억압된 경험, 억압된 소망 같은 것들이 고려되고 있다.

이런 모든 것들 위로, '데우스 엑스 마키나'(deus ex machina: '기계장치로부터 내려온 신'이란 뜻의 라틴어로, 문학 작품에서 결말을 짓거나 갈등을 해결하기 위해 뜬금없는 사건을 일으키는 플롯 장치를 말한다/옮긴이), 즉 마법과도 같은 공식으로 쾌락이 떠돌고 있다. 니체는 쾌락에 대해 "모든 쾌락은 영원성을, 깊고 깊은 영원성을 원한다."는 식으로 말했다. 그리고 프로이트는 "인간은 자신이 경험한 쾌락을 버리지 못한다."고 말한다.

이 같은 가정 아래에서, 프로이트의 어느 제자의 글에는 과감한 형식들이 나타나고 있다. 자기 어머니의 젖을 어쩔 수 없이 빨아야 하는 소년이 있고, 포도주나 양수 같은 액체 속에서 목욕하는 즐거움을 거듭 추구하는 신경증 환자가 있다. 또 보다 순수한 영역에서는 적절한 소녀를 찾고 있는 남자가 대체 불가능한 어머니를 찾는 까닭에 그런 소녀를 절대로 발견하지 못하는 예가 있다.

이런 식의 관찰은 중요한 어떤 방법론적 발전을 의미했다. 그러나 이런 관찰은 언제나 움직이고 있고 또 미래에 대한 생각으로 가득한 정신을 구체화시키고 동결시키는 결과를 낳고 말았다. 콤플렉스 개념을 받아들인 것은 위상학적 관점이 동적인 관점보다 더 중요하게 여겨지도록 만들었다. 그래도 '판타 레이'(panta rhei: 모든 것은 흐름의 상태에 있다는 뜻의 그리스어/옮긴이)라는 에너지의 원리가 심리학에 도입되지 못하게 할 만큼, 이런 움직임이 아주 멀리까지 전개되지는 않았다.

진정한 질문은 이것이다. 신경증을 일으키는 원동력이 억압인가? 아니면 신경증의 원동력은 화가 난 상태에서 일탈하고 있는 정신이며, 이 정신을 조사하는 과정에 억압이 발견되는 것인가?

나는 여러분에게 이 점에 주목해줄 것을 부탁한다. 억압은 문화의 압박 아래에서 일어나고 "자아 충동"의 압박 아래에서 일어난다. 이때 비정상적인 성적 성향이나 성적 조숙에 대한 생각들이 억압을 돕고 나선다.

질문: 우리 문화는 어디서 시작하는가?

대답: 억압에서 시작한다.

주변 환경을 대하는 태도

다른 개념들만큼이나 공허한 개념인 "자아 충동들"은 어떤가? 자아 충동들은 성욕과 같은 "리비도"의 성격을 갖지 않는가? 자아 충동들은 서로 뚜렷이 분리되어 있지 않지만, 개인 심리학의 관찰에 따르면 그것들은 주변 환경을 다루려는 노력이고 환경을 대하는 태도이다. 말하자면 스스로 중요한 존재가 되기를 원하면서 권력과 지배를 추구하고 위에 서려고 분투하는 것이 자아 충동들인 것이다. 여기까지 이해가 되었다면, 우리는 이론적으로나 실용적으로 두 가지 가능성에 초점을 맞춰야 한다. 중요한 존재가 되기를 원하는 바람은 (a)어떤 충동들을 금지하거나 억압하거나 변화시킬 수도 있지만, (b)주로 촉진시키는 효과를 발휘해야 한다는 점이다.

우리에게 있어서 불변의 요소는 문화와 사회, 그리고 그 제도들이다. 충동의 목적은 원래 만족에 있다. 충동은 보통 먼 미래에 이뤄질 만족을 촉발시킬 방향을 제시하는 수단으로 여겨져야 한다. 눈과 귀, 살갗은 효과가 미치는 범위를 육체적 공간 영역 그 너머로까지 확장하는 특이한 능력을 확보했다. 예감을 통해, 우리의 정신은 현재 그 이상으로, 말하자면 원초적인 충동을 만족시키는 그 이상으로 일시적으로 확장하고 있다. 여기서 노력 증대가 억압만큼이나 긴급히 요구되며, 이런 관계들은 광범위한 보호 체계를 필요로 하며 신경증은 이 보호 체계의 작은 일부를 이룬다. 이는 곧 신경증은 무엇보다 안전을 보호하는 장치라는 뜻이다.

이런 노력은 유아기 첫날부터 시작되며 모든 육체적 및 심리적 경향들을 크게 변화시킨다. 그래서 우리가 보는 것들 중에서 원래의 모습을 그대로 간직하고 있는 것은 하나도 없다. 모든 것이 이 노력의 영향을 받았으며 유아기로부터 한참 벗어난 뒤에 변화한 것은 하나도 없다. 아이가 어느 방향으로든 자신을 환경에 적응시킬 때까지, 아이의 적응은 아이의 충동들을 이끌고 변화시킨다. 삶의 첫 단계에서 아이가 어떤 모델을 따라 자신을 다듬어나간다 하더라도, 그걸 두고 영원한 모델이라느니 동일성이라느니 하는 표현을 쓰기는 어렵다. 왜냐하면 아이에겐 그것이 종종 충동을 즉시적으로 충족시킬 수 있는 유일한 길이기 때문이다.

충동이 충족되는 다양한 방법과 속도를 고려한다면, 그리고 충동을 충족시키는 것이 사회적 제도와 경제적 조건에 크게 좌우된다는 점을 고려한다면, 우리는 충동의 만족과 그에 따른 충동의 질(質)과 힘은 언제나 변화하고 따라서 측량이 불가능하다는 결론에 도달하게 된다.

앞에서 강조한 바와 같이, 나는 신경증 환자의 성욕에 대한 관찰을 통해서 정상적인 사람뿐만 아니라 신경증 환자의 리비도와 성적 경향은 성욕의 크기나 구성요소에 대해 어떠한 추론도 허용하지 않는다고 결론을 내렸다.

적응, 복종, 반항

아이는 주어진 가족 환경 안에서 어떤 식으로 적응할까? 생후 첫 몇 달 동안에도 아이의 생체가 스스로를 표현하는 방법이 너무나 다양하다는 사실을 기억하도록 하자. 어떤 아이들은 먹을 것을 충분히 얻지 못하고, 어떤 아이들은 적당한 양의 음식을 먹고, 어떤 아이들은 음식이 바뀌는 것을 싫어하고, 어떤 아이들은 모든 것을 다 먹으려 든다. 또 보고, 듣고, 배설하고, 목욕하는 행위와 환경 안에 있는 다른 사람들과의 관계에 대해서도 똑같이 말할 수 있다. 그럼에도 세상에 태어나고 며칠 지나지 않아서 이미 아이는 우리가 두 팔로 안아주면 안전감을 느낀다. 이 대목에서 아이가 나아갈 길을 부드럽게 닦아주는 교육이 엄청난 중요성을 지닌다는 사실이 확인된다.

처음으로 이뤄지는 이 적응엔 환경 속의 사람들과의 관계에서 느끼는 정서적 가치도 당연히 포함된다. 그래서 편안한 마음을 느끼고, 안전감을 느끼고, 사랑하고, 순종하는 아이가 있는가 하면, 불안전감을 느끼고, 우둔하고, 반항하고, 불복하는 아이도 있게 마련이다. 만일 누군가가 현명한 전략을 갖고 일찍이 개입한다면, 걱정 없는 유쾌함으로 묘사될 수 있는 그런 조건이 형성될 것이다. 그러면 아이는 모든 교육에 담기게 마련인 강요를 거의 느끼지 않을 수 있다. 그런 한편 교육상의 실수들, 특히 신체기관들이 충분히 발달하지 않은 상태에서 일어나는 실수들은 불쾌감을 불러일으키면서 아이가 보호 수단을 찾도록 만든다. 일반적으로, 이 상황에서 두 가지 주요 경향이 나타난다. 과잉 순종 혹은 독립을 추구하려는 경향과 반항이 그것이다. 복종 아니면 저항인 것이다. 인간 정신은 어느 방향으로나 작동할 수 있다.

방향을 제시하는 이런 경향들은 모든 충동들을 크게 바꿔놓거나 억제하거나 흥분시킨다. 그렇기 때문에 타고난 것처럼 보이는 충동도 오직 이 관점에서만 이해가 가능하다. 셰익스피어의 '맥베스'에서 마녀들이 노래하듯이, "아름다운 것도 사악하고, 사악한 것도 아름다운 것"이다. 반항이 강하게 개입하자마자, 슬픔이 기쁨이 되고, 고통이 쾌락이 되고, 생명이 버려지고 죽음이 달콤해 보인다.

반대자가 사랑하는 것은 혐오의 대상이 될 것이고, 다른 사람들이 버리는 것은 소중히 여겨질 것이다. 문화가 금지하는 것, 부모와 교육자들이 하지 말라고 하는 것, 바로 그런 것들이 가장 열망하는 목표로 선택될 것이다. 어떤 대상이나 사람은 다른 사람들에게 고통을 안겨줄 수 있을 때에만 가치를 얻을 것이다. 반항적인 개인들은 언제나 다른 사람들을 박해할 것이고, 그러면서도 언제나 자신이 박해당하고 있다고 생각할 것이다. 그래서 어떤 탐욕 혹은 성급한 욕망이 일어나는데, 이 탐욕 또는 성급한 욕망은 우리 현대 사회에서 시기와 허영, 야망을 고조시키는, 만인에 대한 만인의 투쟁을 떠올리게 한다.

신경증 환자의 내면에서 사람들 사이의 긴장이 아주 팽팽해진다. 이유는 이렇다. 신경증 환자의 본능적 욕구는 대단히 강하다. 그렇기 때문에 신경증 환자는 무모한 기대를 품으면서 지속적으로 승리를 추구하게 된다. 엄지손가락 빨기, 유뇨증, 손톱 물어뜯기, 말더듬 같은 어린 시절의 장애에 계속 집착하는 현상도 이런 식으로 설명이 가능하다. 겉보기에 리비도처럼 보이는 이런 경향을 계속 간직하고 있는 환자들을 두고 우리는 반항에 대해 이야기할 수 있다.

소위 조기 자위행위, 성적 조숙, 너무 이른 성교 등에 대해서도 똑같이 말할 수 있다. 나는 훌륭한 가문의 17세 소녀를 알고 있다. 이 소녀는 14세부터 성교를 자주 해 왔다. 그럼에도 그녀는 성 불감증을 보였다. 어머니와 다투는 일이 주기적으로 일어났는데, 그때마다 소녀는 남자와 성교할 길을 찾을 수 있었다. 또 다른 소녀는 어머니가 자기를 무시할 때마다 자다가 오줌을 싸서 침대를 엉망으로 만들어 놓았다.

학교에서의 더딘 진전, 건망증, 형편없는 직업 만족도, 수면 강박도 마찬가지로 신경증 환자의 항의 현상에 해당한다. 이런 것들은 반대자를 상대로 한 투쟁에서 소중한 무기로 쓰이고 있다. 이런 것들에 대해 유쾌한 무기라고 말하고 싶지는 않다.

이런 종류의 심리의 일부는 리하르트 바그너(Richard Wagner)의 오페라 '발퀴레'(Die Walküre)에서 지크문트에 의해 설명되고 있다. "친구를 만나든 형제를 만나든 사람들을 만날 때마다, 나는 늘 비난에 시달렸어. 이 얼마나 불행한 운명인가. 내가 옳다고 생각하는 것이면 무엇이든 다른 사람들은 그르다고 생각했고, 내가 보기에 나쁠 것 같은 것들을 다른 사람들은 좋아했으니 말이네. 그래서 나는 가는 곳마다 싸움을 벌였고, 움직이는 곳마다 분노를 만났어. 나는 행복을 갈망하는데도 고통밖에 일어나지 않았어."

그리하여 신경증 환자의 성격이 발달하게 된다. 이에 대해 나는 '신경증 성향에 대하여'(On Neurotic Disposition)라는 논문과 『신경증 기질』(The Neurotic Constitution)이라는 책에서 아주 명확하게 설명했다.

인정을 받으려는 신경증적 노력, 그리고 두 가지 사례

주변의 인정에 대한 이 같은 갈망이나 비뚤어진 행동에서 느끼는 쾌감, 반항심에서 잘못에 집착하는 행위, 그리고 지나치게 많거나 지나치게 적은 것들에 대비한 보호 조치들은 어디서 나오는가?

잘 아시다시피, 나는 심리의 발달 과정에 이런 현상을 일으키는 두 가지 요소에 초점을 맞추었다. 이 요소들에 대해 여기서 간단히 설명할 생각이다. 한 가지 요소는 강력한 열등감의 출현이다. 나는 이 현상을 열등한 신체기관과 관련해서 늘 관찰하고 있다. 다른 한 가지 요소는 초기에 분명하게 드러나는, 여자의 역할을 하는 데에 대한 두려움이다. 열등한 신체기관과 여자의 역할에 대한 두려움은 반란의 필요성과 반항의 태도를 엄청나게 키워놓는다. 그렇기 때문에 당사자가 정신적으로 괜찮든 아니면 신경증 치료를 받고 있든 혹은 천재나 범죄자로 이름을 날리고 있든 불문하고, 신경증적 특징들은 언제든 발달할 수 있다.

이 지점부터는 감정들이 계속 왜곡된다. 그러면 우리는 더 이상 단순하고 자연스런 관계들을 다루지 않게 되고 그 대신에 당연한 것으로 여겨지는 승리를 거머쥐려고 노력하는 현상들을 다루게 된다. 그런데 이 승리는 저 멀리 미래에 서서 유혹의 손짓을 하고 있는 것처럼 보이며, 따라서 병적인 태도가 영원히 고착되게 된다. 신경증 환자는 정상적인 개인에 비해 미래에 대해 더 깊이 생각하고 또 그 미래를 살고 있으며, 그렇게 함으로써 언제나 현재의 테스트 상황을 피한다. 신경증 환자의 성격적 특징들은 거의 대부분 숨어 있다. 이는 내가 신경증 환자의 성격적 특징들을 설명하는 대목에서 그런 특징들을 드문 것으로 여긴 이유를 설명해준다.

신경증 환자는 자신의 이런 특징들에 대해 어떤 식으로 말하는가? 일부 신경증 환자는 이런 특징들의 범위나 영향에 대해서는 제대로 알고 있지 않아도 특징들 자체에 대해서는 알고 있다. 많은 신경증 환자들은 자신의 성격적 특징들에 대해 알아놓고는 금방 야망과 허영 때문에 망각해 버린다. 그런 다음에 신경증 환자들은 그와 정반대되는 행동을 함으로써 품위 없는 이기주의로부터 자신을 보호한다. 우리는 그런 환자들의 예에서 품위 없는 이기적 욕구 충동, 예를 들면, 탐욕과 복수, 악의, 잔인성 등이 도덕적인 다른 충동들로 대체되는 것을 본다. 따라서 "스스로 중요한 존재가 되려는 열정"은 신경증 환자의 내면에 몰래 숨어서 그의 삶을 이끌어야 했음에 틀림없다.

첫 번째 예부터 보자. 그런 식으로 충동을 억압하는 것을 보여주는 좋은 예는 내가 빈의 철학학회에서 한 강연에서 보고한 말더듬 환자이다.

말더듬은 모든 면에서 남성성 항의의 메커니즘에 의해 일어나는 장애이다. 이 환자는 빈의 제7지역에 자선 목적으로 200크로네를 기부했다. 그는 도심의 유명한 식당에 갈 생각이었는데, 그때 이미 배가 고픈 상태였다. 그럼에도 그는 식당까지 걸어갔다. 분석을 통해 드러났듯이, 차비를 아끼기 위해서였다. 모든 신경증에서 확인되듯이, 이 환자도 모든 것을, 모든 돈을, 모든 여자들을, 모든 사람들의 영혼을 갖기를 원했으며 다른 사람들을 지속적으로 경시하려 들었다.

그는 세간의 평가에 터무니없을 만큼 많은 관심을 두었다. 그는 자신을 널리 알릴 수 있는 길이라면 금욕적인 생활도 영위할 수 있었고, 다른 사람들을 앞지르는 문제라면 공부를 아주 열심히 할 수도 있었으며, 사람들이 원한다면 대단히 자비로울 수도 있었다. 하지만 그는 자신을 알아보는 사람이 아무도 없다 싶을 때에는 사소한 문제에서도 수전노가 되었다. 누군가가 뭔가를 성취하면, 그는 시무룩해졌다. 누군가가 사랑을 받으면, 그는 그 사람을 헐뜯었다. 그는 자기 아버지와 끊임없이 불화를 일으켰으며, 자신의 의지를 내세우길 원할 때에는 자살 위협도 마다하지 않았다.

그의 말더듬은 그의 아버지를 향한 것으로서 아버지의 계획을 엉망으로 만드는 한편, 그에겐 행동의 자유를 더 많이 안겨주었다. 동시에 그는 자신을 결혼으로부터도 보호할 수 있었다. 말을 더듬는 한 결혼을 할 수 없다는 이유로, 그는 조금 뒤에 소녀와의 관계를 청산했다. 프로이트의 표현 그대로 이 "긴 사랑 시리즈"의 예는 환자가 돈 후안처럼 모든 여자들을 원하면서도 두 가지를 두려워하기 때문에 현실에 나타나고 있다. 그런데 이것을 프로이트는 엉뚱하게도 오이디푸스 콤플렉스라고 부른다. 나의 환자는 이 두 가지로부터 자신을 보호하길 원했다. 하나는 그가 여자에게 지배당하고, 그녀에게 종속된 상태에서 다른 사람들을 포기해야 할지 모른다는 두려움이었고, 다른 하나는 그가 이기심(그는 이기심을 생각이 아니라 감정으로만 알고 있었다) 때문에 나쁜 남편이 되고 나쁜 아버지가 될 것이며, 따라서 그에 대한 처벌로 아내와 자식들로부터 기만을 당하게 될 것이라는 두려움이었다.

이런 항의의 특징들을 발견해내는 것이 일반적으로 분석의 첫 부분이고, 이어 대체로 향상이 따르지만 강력한 저항이 따르기도 한다. 이때 저항은 심리치료사를 평가 절하하려는 시도로 나타난다.

두 번째 예이다. 이 환자는 헝가리에서 치료를 받으러 이곳까지 왔다. 이유는 분석을 통해 드러났듯이, 그가 여기서 나의 치료를 받았던 그의 여동생이 나에 대해 좋게 말하는 것을 견디지 못했기 때문이다. 이 대목에서 여러분은 이 환자가 자기 여동생을 사랑했다고 말할 수도 있을 것이다. 맞는 말이다. 그러나 그것은 어디까지나 그의 여동생이 남자에 대해 좋게 말할 때에만 맞는 말이었다.

처음에 환자는 점잖았고 아주 겸손했으며 고상한 분위기를 풍겼다. 그러나 내가 그의 복수심과 악의, 불성실, 시기심을 드러내 보이자, 그는 한 동안 격노했으나 결국엔 모든 것을 인정했다. 그러면서 그는 자신의 상태가 좋아질 때까지 몇 년이 걸리더라도 좋으니 나와 함께 있을 것이라고 선언했다. 이에 대해 내가 나의 판단에 필요하다고 생각될 때까지만 나의 치료를 받을 수 있다고 대답하자, 그는 한 동안 생각에 잠겼다가 미소를 지으며 물었다. "당신의 치료를 받은 사람들 중에서 혹시 자살한 사람은 없습니까?" 이에 나는 "아직까진 없었지만 나는 언제나 그런 경우에 대비하고 있어요."라고 대답했다. "신경증 환자의 손에서 무기를 빼앗는 것", 말하자면 신경증 환자가 가진 병적인 수단을 무력화시키는 것이 심리 치료의 목표이다.

이 환자는 불면증에도 시달렸다. 그는 잠을 예전처럼 잘 잘 수 있다면 만족할 것이라는 식으로 말하면서 나로 하여금 이 징후를 논의하지 않을 수 없도록 만들었다. 불면증에 대한 설명은 부드럽게 이뤄졌으며, 그는 다시 잠을 편하게 잘 수 있게 되었다. 그러나 그는 한참 지나서까지도 그 같은 사실에 대해 나에게 말하지 않았다.

그렇다면 이 환자는 자신의 성격적 특징을 억압한 것일까? 절대로 그렇지 않다. 그러나 그의 전체 남성성 항의는 그의 판단에 내적으로나 외적으로 그다지 공격적이지 않은 방식으로 분명하게 드러났다. 그러나 프로이트는 이와 비슷한 조건에 대해 성공하지 못한 억압의 결과라는 식으로 설명한다. 신경증에서 본능적 충동이 억압된 흔적은 언제나 확인된다. 이것은 프로이트가 크게 기여한 결과 얻게 된 통찰이다. 본능적 충동이 억압된 흔적은 신경증 환자의 공상과 꿈에서만 확인되는 것이 아니라 특히 심리적 분석을 통해서도 드러날 수 있다. 심리적 분석을 거치면 환자의 삶에서 크고 작은 부조화와 불일치가 확인되고, 따라서 그것을 해결하는 것이 가능해진다.

열등감과 남성성 항의의 역학과 신경증의 발발

신경증적 성격을 겨우 발견한 상태에서, 당연히 이 논문은 꽤 불완전하다. 그러나 신경증적 성격을 찾아낸 것은 특별한 의미를 지닌다. 신경증적 성격에 대해 아는 것이 환자에게 하나의 경고가 되기 때문이다. 나의 경험에 비춰보면, 심리 치료 중에서 보다 어려운 부분은 신경증 환자의 심리 발달에서 두 가지 중요한 사항, 즉 신경증의 원인인 열등감과 남성성 항의를 찾아내고 해결하는 것이다.

그러나 지금은 이런 중요한 질문을 던지고 싶다. 신경증 환자는 어떤 과정을 통해 신경증을 앓게 되는가? 신경증 환자의 신경증은 언제 분명하게 나타나는가? 프로이트는 이 점에 대해 별로 관심을 두지 않았다. 그러나 우리는 프로이트가, 억압을 강화함과 동시에 옛날의 심리적 갈등을 다시 일깨운 어떤 사건에 신경증의 원인이 있다고 믿었다는 사실을 잘 알고 있다. 그런데 이 부분은 아직 분명하게 설명되지 않고 있다. 이 논의가 아마 이 문제의 해결에 도움을 줄지도 모르겠다.

나의 경험에 따르면, 사실 언제나 고통을 겪고 있는 신경증 성향의 사람은 어떤 비난에나, 심지어 비난이 예상되는 상황에서도 날카롭게 반응한다. 이때가 바로 신경증이 발발하는 때이다. 충동을 새롭게 억압하는 것은 단지 남성성 항의와 중요성을 확보하려는 충동, 안전을 지키려는 경향의 압박이 더욱 강해진 상황에서 일어나는 부수적인 현상에 지나지 않는다.

계속 이어지는 성욕의 예

여자의 탁월에 대한 두려움

나는 앞에서 말한 내용을 실제 환자를 통해서 보여주고 싶다. 나의 환자는 자신이 대단히 사랑하는 소녀 알베르틴에게 결혼을 약속해야 할 시기에 바이올린을 연주하다가 처음 몸을 떠는 현상이 나타난 것으로 기억했다. 이 떨림 때문에 그는 바이올린 연주를 그만둬야 했다. 지금 우리는 다음과 같은 사실을 알고 있다. 알베르틴은 탁월한 피아니스트였다. 그래서 나의 환자는 자신이 연주를 더 잘할 수 있다면 바이올린으로 반주를 넣을 수 있을 것이라는 생각을 종종 했다. 만일 그가 그녀와 결혼한다면, 콘서트도 가능할 것이고 그러면 아내가 자기보다 월등히 앞서는 것으로 드러날 터였다. 이런 생각이 그의 삶 내내 두려움으로 작용했다. 자기보다 더 탁월한 아내를 두려워한 것이다.

이런 두려움을 은밀히 품지 않은 신경증 환자를 나는 한 번도 보지 못했다. 문학의 예를 들자면 알렉산더 위트(Alexander Witt)가 소개한 강호퍼(Ganghofer)의 예가 있고, 스탕달(Stendahal)의 회

고록에 그 비슷한 예가 있다. 두 가지 예 모두에서, 우리는 어린 시절 기억에서 아이를 능가하던 여자에 관한 기억을 발견한다. 거대한 몸집의 여자나 발퀴레, 소년을 묶거나 때리는 여자, 유사 마조히즘으로 소년에게 폭력을 행사하는 여자에 관한 공상이 있는가 하면, 마녀나 님프, 남자의 성기를 가진 여자, 물고기 꼬리를 가진 여자에 관한 동화가 있다. 또 레오나르도 다 빈치(Leonardo da Vinci)의 어린 시절 기억과 비슷한 기억도 자주 보이며, 출산 공상이나 거세에 관한 생각, 소녀의 역할에 대한 소망 등에서도 그와 비슷한 내용이 보인다. 소녀의 역할에 대한 소망은 종종 이런 질문으로 매우 부드럽게 나타난다. "소녀의 감정은 어떨까?"

나의 환자도 이런 것과 비슷한 어린 시절 기억을 갖고 있었다. 말하자면 하인으로 일하던 소녀가 나의 환자보다 위에 섰던 기억이다. 그것은 이런 의미이다. "여자가 남자보다 더 강해!" 직업 선택에 관한 공상과 마찬가지로, 어린 시절 초기의 기억은 언제나 그 사람의 삶에 대한 관점을 담고 있다. 그 기억이 옛날의 사건 그대로든 아니면 가공되고 꾸며졌든 상관없다.

나의 환자의 초기 기억은 억압되지도 않았고 망각되지도 않았으며 단지 겉으로 보기에 그의 현재 혹은 그 전의 심리적 상태와 완전히 단절되었고, 따라서 그 중요성을 잃은 상태로 있었을 뿐이다. 그렇다면 그 기억은 심리적 현상을 일으킨 요소일까? 어느 누구도 그것이 어떤 현상을 일으켰다고 단정하지 못한다. 나의 환자의 초기

역사로부터, 과부의 몸으로 넓은 사유지를 관리해야 했던 활기찬 어머니에 관한 회상들이 나온다. 그런 그의 어머니를 두고 주변 사람들은 남자 같다고 했다. 나의 환자를 응석받이로 키우는 한편으로 처벌을 했던 이 어머니는 분명히 그보다 우월한 존재였다.

그 시절에 나의 환자는 오줌을 싸고 또 그 일 때문에 처벌을 받고 조롱을 당했다. 더욱이 약골로 여자 같은 태도를 보이던 나의 환자는 그런 가운데서 자신이 남자가 되어야겠다는 깨달음을 얻게 되었다. 따라서 그가 생각이나 꿈, 반항적인 야뇨증 등을 통해서 남성성 항의를 표현했을 때, 그가 종종 여자 옷을 입고 여자 역할을 맡았고 또 학교에 입학하던 첫날 눈물을 흘리며 남자 학교에 가기를 거부하면서 누나와 함께 여자 학교로 갔던 기억이 그를 도우러 떠올랐다. 그리고 당시에도 그가 남성성 항의를 더욱 강화시키도록 할 요소들이 있었다. 그의 체모가 늦게 났고, 그의 페니스는 다른 친구들의 것에 비해 짧아 보였다. 그래서 그는 자신의 목표를 그만큼 더 높이 설정하고, 특별한 것을 성취하기를 원하고, 학교나 직장에서 일인자가 되기를 원했다. 그러다 알베르틴을 만나게 되었는데, 그녀의 탁월함이 그의 두려움의 대상이 되었다.

평가 절하하려는 경향

나의 환자는 두려움 때문에 자기 어머니를 포함한 모든 여자와 소녀들을 일상적으로 경시한다. 그에게 여자와 소녀들은 똑똑하지 않고, 독립적이지 않으며, 변덕스런 존재들이었다. 나의 환자는 여자들은 냄새까지도 고약하다고 주장했다.

덧붙여 말하자면, 프로이트는 리비도의 한 요소로서 "후각적 요소"에 특별한 의미를 거듭 부여했다. 그러나 후각적 요소는 신경증적 기만인 것 같다. 출산에 대한 두려움 때문에 심각한 신경증을 앓게 된 54세 환자는 치료가 끝날 때쯤 다음과 같은 명백한 꿈을 꾸었다. "내가 포장을 뜯고 달걀을 끄집어내고 있는데 모든 달걀에서 냄새가 난다. 그래서 나는 '아니, 어쩌면 이런 고약한 악취가!'라고 말한다." 다음날 그녀의 남편이 도착하게 되어 있었다. 그녀는 이미 독일과 오스트리아의 모든 의료 기관들을 멸시하던 사람이었다.

신경증을 앓는 어느 여배우는 자신의 연애 사건에 대해 이런 식으로 말했다. "그런 사건에 대해서는 전혀 두려워하지 않아요. 나는 완전히 비도덕적인 존재이니까요. 한 가지 사실만 중요할 뿐입니다. 나는 모든 남자들이 지독한 냄새를 풍긴다는 사실을 알게 되었어요. 그것이 나의 미적 감각에 거슬리더군요." 우리는 이런 태도를 가진 사람이라면 스스로 어떠한 위험도 감수하지 않으면서 비도덕적일 수 있다는 사실을 잘 이해하고 있다. 남자 신경증 환자들도 마찬가지이며, 그 같은 태도는 그들이 여자들에게 가하는 보복이다.

유럽인과 중국인, 미국인과 흑인, 유대인과 아리아인은 냄새를 이유로 서로를 비난한다. 4세 소년은 부엌을 지나갈 때마다 "아이고 냄새야!"라고 말한다. 요리사가 그의 적이다. 우리는 이 같은 현상을 경시 경향이라고 부르고 싶다. 여우와 신포도 우화에서 비슷한 예가 발견되는 그런 경향이다.

그러면 경시 경향은 어디에서 비롯되는 것일까? 경시 경향은 자신의 감수성에 상처를 입을지 모른다는 두려움에서 시작한다. 경시 경향은 마찬가지로 중요성을 확보하려는 충동에 따라서 자신을 보호하려 드는 경향이며, 심리학적으로 보면 위에 있거나 성적 승리를 찬양하거나 날아다니거나 사다리나 계단 또는 집의 지붕 위에 서려는 소망과 비슷하다. 신경증 환자의 내면에선 여자를 경시하는 경향과 여자와 성교하려는 경향이 함께 나타나는 경우가 자주 있다. 이때 신경증 환자의 감정은 분명히 "나는 성교로 여자들을 멸시하겠어."라고 말하고 있다. 신경증 환자는 성교를 한 뒤에는 그 여자를 버리고 다른 여자에게로 눈길을 돌린다. 나는 이것을 신경증 환자의 돈 후안 특징이라고 부른다. 이것은 프로이트가 공상적으로 해석한 "사랑 시리즈"와 일치한다.

어머니까지 포함하는 여자들에 대한 경시 때문에 많은 신경증 환자는 매춘부에서 피난처를 찾는다. 매춘부와 성관계를 할 때면 그가 경시라는 성가신 감정을 품지 않아도 되고, 그의 친척들이 분노하는 것을 볼 수 있기 때문이다. 소년은 자신이 위에 위치하는 것을 남성적인 자세로 여긴다. 대체로 어머니는 소년이 거리를 두려 하는 여자이다. 그는 어머니에게 남자의 역할을 하기를 원하고, 어머니를 경시하고 자기 자신을 높이길 원한다. 소년은 심지어 어머니를 이름으로 부르고, 때리거나 조롱하고, 복종하지 않고 , 어머니에게 보스 노릇을 하려 들 것이다.

오이디푸스 콤플렉스인가, 남성성 항의인가?

리비도가 여기에 개입하는가, 개입한다면 어느 정도 개입하는가 하는 문제는 전혀 중요하지 않다. 신경증 환자의 남성성 항의는 다른 소녀와 여자들에게로도 향하며 대체로 저항이 가장 적은 경로로, 말하자면 하인들이나 가정교사 쪽으로 흐른다. 훗날 신경증 환자는 악마 같은 여자에 맞서 안전을 지키려는 경향 때문에 자위행위와 몽정에 길들여지게 된다.

이는 나의 환자에게도 그대로 적용된다. 나의 환자는 자기 어머니를 통해서는 자신의 목표를 이룰 수 없었다. 말하자면 자기 어머니와의 관계에서는 자신이 주인이 될 수 없었던 것이다. 그러자 그는 6세나 7세 때에 소녀 하녀에게로 눈길을 돌렸다. 이 소녀와의 관계에서는 소년이 주인이 될 수 있었다. 그는 하녀의 벌거벗은 몸을 훔쳐보았고, 치마 밑으로 손을 집어넣기도 했다. 나의 치료를 받을 때까지도 이런 형태의 공격성이 그의 중요한 성적 활동으로 남아 있었다. 그는 매춘부하고만 성교를 할 수 있었다. 그러다 그는 자신이 결혼을 할 수 없다는 점을 스스로에게 입증해야 하는 상황에 처했다. 그러자 몽정과 발기부전이 시작되었고, 자신의 과대한 성욕에 대한 두려움과 함께 나중에 나이 들어 떨림과 마비 현상을 보일 위험이 그를 괴롭혔다. 더욱이, 떨림과 말더듬이 몽정과 발기부전처럼 실제로 나타났다. 그런 것들이 그를 결혼으로부터 지켜줄 수 있을 것이기 때문이다.

만일 제삼자가 이 일에 끼어들지 않았더라면, 그는 알베르틴과의 관계를 제때 청산하고 신경증에 걸리지 않았을지도 모른다. 그러나 알베르틴과 헤어지는 것은 그의 자존심이 허락하지 않을 일이었다. 지금 그는 물러설 수 없었으면서도 사태를 파악하고 싶어하지도 않았다. 그의 "육욕적인" 분투, 즉 알베르틴을 소유하고 싶은 욕망이 그의 의식을 꽉 채웠다. 그러나 그의 무의식은 단호하게 "노"라고 말하면서 결혼에 반대하도록 만들 징후들을 배열함으로써 그가 구애에 나서지 않도록 억제했다. 그의 의식적인 생각은 이렇다. "괜찮은 일자리부터 확보할 수 있어야 결혼을 할 수 있어." 그러나 그와 동시에 그의 승진을 불가능하게 만들어버릴 징후들이 나타났다.

나의 환자는 무엇을 "억압"했는가? 그의 성욕, 그러니까 그의 리비도를 억압했는가? 나의 환자는 자신의 성욕에 대해 너무나 잘 알고 있다. 그래서 그는 자신을 성욕으로부터 보호하는 방법에 대해 끊임없이 생각하고 있다. 그렇다면 공상을 억압했을까? 그의 공상은 간단히 말해 여자가 자기보다 위에 서 있고 더 강한 존재라는 것이다. 나는 환자에게 이와 비슷한 공상과 그의 신경증 사이의 연결을 보여주려고 많은 준비를 했다. 그러나 이 공상 자체는 하나의 경고에 불과하다는 것이 확인되었다. 환자가 정상에서 벗어난 경로를 통해서라도 자신의 중요성을 확보하기 위해 내세우는 경고에 지나지 않았다는 뜻이다.

그는 자기 어머니를 향한 성적 충동을 억눌렀는가? 다시 말해 그는 오이디푸스 콤플렉스로 고통을 겪고 있었는가? 나는 자신의 '오이디푸스 콤플렉스'에 대해 매우 잘 알고 있으면서도 나아지는 기분을 전혀 느끼지 못하는 환자들을 많이 보았다. 오이디푸스 콤플렉스에서 남성성 항의를 파악하기만 하면, 공상이나 소망 콤플렉스 운운하는 것은 더 이상 타당하지 않다. 그러면 "오이디푸스 콤플렉스"도 신경증의 압도적인 역학에서 작은 일부에 지나지 않는다는 것이, 남성성 항의의 한 단계라는 것이 이해될 것이다. 그 자체로 보면 무의미한 것들이 남성성 항의라는 맥락 속에서 보면 어떤 의미를 지니게 된다. 오이디푸스 콤플렉스는 상징적으로 받아들여야 하는 하나의 상황이며, 다른 상황들과 마찬가지로 신경증 환자의 성격에 대한 중요한 통찰을 낳을 상황이다.

3장

성욕

성적 기능의 발달

성적 기능에 대한 기존의 해석이 혼란스럽고, 검증되지 않았고, 또 오도(誤導)하고 있기 때문에, 우리는 먼저 생리학적 및 심리학적인 근본적 사실들로부터 논의를 시작해야 한다. 생리학적 및 심리학적 사실들을 근거로 하면, 인간의 마음과 정신을 지배하는, 전능한 어떤 성적 리비도 같은 억지스런 견해를 받아들여야 할 이유가 전혀 없다. 그럼에도 프로이트의 이론과 이를 다소 바꾼 융의 이론 같은 왜곡된 이론이 인정을 받고 있는 이유는 다음과 같다. 그런 이론에 진기한 구석이 있고, 신경증 경향을 가진 많은 사람들이 큰 어려움을 겪고 있고, 사람들의 내면에 성취하지 못한 소망들이 공개적으로나 비밀리에 있다는 느낌이 있으며 사람들에겐 이 소망의 성취가 삶의 중요한 문제이기 때문이다.

개인으로든 집단으로든, 인간은 언제나 삶의 모든 현상들과 경험들 뒤에서 작동하고 있는 보편적인 어떤 힘을 발견하려고 노력해왔다. 개인 심리학은 그런 보편적인 힘을 발견하려고 노력하기보다는 그보다 더 넓고 더 깊은 의미에서 삶의 사실 자체를 받아들인다. 당연히 삶의 사실들 중에는 설명 가능한 양상도 있고 설명 불가능한 양상도 있다. 이 양상들 중 가장 중요한 한 가지는 모든 노력과 생각, 감정, 특징, 표현, 징후는 사회적 과제의 성공적 해결을 추구하게 되어 있다는 점이다.

사랑과 결혼에서 일어나는 실패들 중 많은 것은 다른 모든 실패와 마찬가지로 준비 부족에 따른 것이다. 개인 심리학은 성적 대상을 인정하지 않는다. 사랑과 결혼은 두 명의 동등한 인간 존재가 하나의 단위를 이루는 과제이다. 이 과제는 당연히 두 사람이 충분한 사회적 관심을 갖도록 훈련이 되어 있을 때에만 완수될 수 있다.

개인 심리학은 개인의 소망 혹은 그 소망의 억압에 따른 나쁜 결과가 삶의 주요 문제라는 견해를 부정한다. 응석받이로 큰 아이들에게서 종종 확인되듯이, 그런 개념은 사람의 자기중심적인 본성을 드러낸다. 조상의 유산에 집착하는 것도 마찬가지로 건설적이지 못하다. 어떻게 보면 현재에 닿지도 않았으며 사회적 관심은 더더욱 없을 조상을 들먹이는 것은 터무니없는 짓이 아닐까. 많은 저자들은 아마 자신이 조상으로부터 물려받은 소유물을 인류의 행복과 사회적 관심의 증대를 위해 활용하려는 노력을 기울이기보다는 그 소유물을 즐기는 데 만족하기 때문에 유전과 조상 쪽으로 눈길을 주고 있을 것이다.

기능들의 사회적 적응

우리가 아는 한, 한 사람의 인간 존재는 인간적이며 또 그런 식으로 불리는 것이 꽤 적절하다. 왜냐하면 인간이 사회적 문제들을 다루는 데 필요한 모든 잠재력을 유전을 통해 다 소유하고 있기 때문이다. 그러나 사회적 문제를 제대로 다루기 위해서 인간은 자신을 육체적으로나 정신적으로 최대한 발달시켜야 한다. 지금 제기되고 있는 중요한 문제는 이것이다. 무엇을 위해서? 어떤 목표를 위해서, 개인이 물려받은 인간의 잠재력을 발달시키도록 노력해야 하는가? 개인들과 하나의 전체로서 인류는 자신들의 잠재력을, 다시 말해 조상으로부터 물려받은 선물을, 인간 존재들이 변화시켜 나가고 있는 이 세상에서 전체 인간 가족의 이익을 증대시키는 방향으로 이용해야 한다. 당연히 이 같은 이용은 사회적 관심이 허용하는 범위 안에서만 가능하다. 또한 모든 사회적 문제들은 충분할 정도의 사회적 관심에 의해서만 적절히 해결될 수 있다는 점을 우리는 이해해야 한다.

인간의 모든 기능은 갓 태어난 아기가 사회적 환경 안에서 발달시켜야 하는 잠재력의 형태로 이 세상에 등장한다. 당연히 인간의 기능들은 외부 세계의 요구에 적응해야 한다. 먹고, 보고, 소리 내고, 움직이는 행위는 인간의 목표 성취에 더욱더 적응하게 된다.

인간의 모든 기능들은 삶의 초기에는 혼돈 상태에 있고 무의식적이며, 아주 서서히 다른 사람들이나 환경과 교류하는 쪽으로 향하게 된다. 아이의 창의적인 힘은 점진적으로 외부 세계의 도전을 받아들이고, 경험을 흡수하고, 경험에 반응한다. 이때 경험을 흡수하고 경험에 반응하는 것은 아이가 주변의 사회적 삶에 성공적으로 참여하는 데 필요하다고 판단하는 방향으로 이뤄진다. 음식을 먹는 방법도 적절해지고, 보고 듣고 만지고 움직이는 방법도 협동하려는 의지를 다소 보인다. 그의 사고와 말은 공통의 가치와 공통의 의미를 더욱더 많이 지니게 된다. 배설 기능도 그의 환경의 사회적 형식과 일치해야 한다. 손가락을 빨거나 손톱을 물어뜯는 행위는 비사회적인 행동이고 전염의 원인이 될 수 있기 때문에 아이가 자신이 사는 환경의 사회적 규칙을 받아들이기만 하면 중단될 것이다. 만일 아이가 그런 행위를 중단하지 않는다면, 그 이유는 언제나 아이가 사회적인 문화 쪽으로 나아갈 길을 발견하지 못하고 우월이라는 개인적 목표를 추구하고 있기 때문이다.

최초의 성적 단계

성적 기능은 확실히 물려받는 것이며, 처음에는 아주 근질근질한 감각으로 나타난다. 그 후 다른 기능들과 더불어 확장하면서, 성적 기능은 팽만(膨滿)과 발기, 그리고 자동적인 충동을 통한 부수적인 감정들로 이어진다. 접촉과 그에 따른 유쾌한 간지러움은 접촉 행위를 반복하도록 만든다. 응석받이로 크는 아이의 예에서 보듯, 아이가 대체로 자신의 길을 고집하길 좋아하면서 협동보다는 성취의 경향을 더 강하게 보이는 경우에 접촉 행위가 반복될 가능성이 더 커진다.

따라서 협동을 제대로 배울 기회가 많이 늦춰지게 된다. 그러면 아이는 성적 기능의 초기 단계에 머물 수밖에 없다. 아이가 성적 기능이 두 이성 간의 과제가 되는 나이에 이를 때까지, 말하자면 성적 기능의 두 번째 단계인 사회적 단계에 이를 때까지, 오직 다양한 형태의 자기성애만 가능하다.

성적 기능의 첫 번째 단계에서, 일반적인 과정은 자위행위이다. 그러나 인간의 사회적 감정은 언제나 자위행위에 반대해 왔고 앞으로도 그럴 것이다. 왜냐하면 인간이 은밀히 두 번째 단계가 발달하기를 원하고 있기 때문이다. 그러나 두 번째 단계의 점진적 발달과 아이가 이 단계를 실천하는 데에 대한 반대 사이에 어떤 모순이 보인다. 아이가 성적 기능의 두 번째 단계를 실천하는 데 반대하는 이유는 거기에 위험이 따를 수도 있고 육체적으로나 정신적으로 성숙한 소년과 소녀에게만 허용할 필요성이 있기 때문이다. 이 같은 모순이 아이들에게 좀처럼 풀리지 않을 상황을 제기한다. 부모와 선생, 위험한 책들과 주변의 말들이 아이의 마음에 갈등을 불러 일으킬 뿐만 아니라, 생후 첫 3년 동안 습득한 사회적 관심도 자기성애를 방해한다. 의사들과 성직자들은 성적 기능의 첫 번째 단계를 피할 길이 없다는 견해에 동의하고 있다. 또 그 단계가 자연적인 발달이기에 거칠게 다뤄서도 안 되고 아이에게 육체적으로나 정신적으로 해를 입히지도 않는다고 말한다.

이 첫 번째 단계 동안에 사회적 관심의 힘이 확인된다. 양심의 가책과 관심을 다른 곳으로 돌리는 일이 흔하게 나타나며 또 기꺼이 받아들여지고 있다. 또한 횟수도 줄어들 것이다. 그러나 응석받이로 큰 욕심 많은 아이는 유혹에 잘 저항하지 못하기 때문에 좀 어려운 상황에 처하기만 하면 자기성애를 다른 목적으로 이용한다. 말하자면 부모의 관심을 악용하거나, 다른 아이들을 유혹하거나, 학교나 삶에서 겪는 패배의 변명으로 이용하는 것이다.

자기성애의 다양성

훗날 아이들은 절망한 상태에서 종종 다른 형태의 자위행위로 눈길을 돌린다. 에로틱한 공상에 빠지거나, 에로틱한 사진을 이용하거나, 다른 흥분 수단을 이용하거나 가끔 다른 아이를 이용하는 것이다. 이는 소위 동성애의 길을 열어주며, 이런 측면에서 보면 동성애는 다양한 종류의 자위행위 중 하나일 뿐이다. 자위행위는 성적 기능의 자기성애적인 단계에 집착하는, 자기중심적이고 자만심 강한 성인들 사이에서 종종 발견된다.

소위 성욕의 자연스런 발달의 문제는 예를 들어 정신분석이 가르치는 것만큼 그렇게 간단하지 않다. 왜냐하면 외부 상황이 발달을 강제할 때엔 정상적이고 자연스런 성욕의 발달이 이뤄질 수 없기 때문이다. 어린 시절의 비행(非行) 중에서 성적 정상 쪽으로 발달하는 것만큼 심각하게 다뤄지고 엄하게 처벌받는 것도 없다는 사실을 늘 기억하도록 하자. 아이들이 성적으로 유치하고 부자연스럽게 행동할 때, 틀림없이 사람들은 그런 아이들에게 다정하게 대하지 않으며 대체로 아이들을 처벌한다. 그러나 아이가 성적으로 정상적인 방향으로 행동할 때, 그 앞에서 사람들은 엄청난 공포를 느낀다. 따라서 우리가 아이들에게서 거듭 관찰하는 것들은 외부 상황의 영향을 받고 있는 것으로 여겨져야 한다. 우리가 아이들의 성적 발달에 어떠한 장애물도 설치하지 않을 경우에 아이들의 성욕이 어떤 식으로 발달할 것인지에 대해 우리는 잘 모른다.

화가 나거나 공포를 느낄 때 성적 자극을 받는 유형(이런 상황에서 심장이 팔딱거리거나 장기에 장애를 일으키는 유형도 있다)은 가학적 또는 피학적 몽상이나 꿈에 빠져들 수 있다. 이런 유형은 훗날 사디즘이나 마조히즘을 발달시킴으로써 성적 기능에서 실패자가 될 수 있다.

다른 모든 일탈들, 즉 페티시즘과 항문 성교, 시간(屍姦) 등은 성적 기능의 일차적인 단계가 다양한 형태로 나타난 것이다. 이런 것들은 언제나 다른 아이들과의 협동을 충분히 발달시키지 못한 채 응석받이로 컸거나 무시당하며 자란 아이의 오해와 삶의 양식을 드러낸다. 이것은 난잡하거나, 자위행위를 자주 하거나, 매춘부를 자주 찾는 사람들에게도 그대로 통하는 말이다.

성적 기능 장애, 발기 부전, 성 불감증, 조루 등의 신경증적 징후들도 성욕의 일차적 단계를 드러낸다. 이 단계는 그때까지 사회적 관심이 부족한 탓에 극복되지 못하고 있다.

성욕의 두 번째 단계

남녀 두 사람이 동등한 입장에서 수행하는 하나의 과제로서 사랑은 육체적 및 정신적 끌림과 배타성, 상대방에 대한 전적인 '양도'를 요구한다. 두 사람이 풀어야 하는 이 과제에 대한 해답은 친구를 사귀고, 유익한 직장을 위해 준비를 하고, 상호 헌신을 보여줌으로써 올바른 태도를 입증한, 말하자면 사회적 관심을 가진(적응한) 사람들에게 축복으로 주어진다.

삶의 양식의 표현

많은 심리학자들은 성욕의 발달이 모든 육체적 활동뿐만 아니라 전체 정신과 마음의 발달에 필요한 바탕이라고 믿고 있다. 나의 관점에서 보면, 그렇지 않다. 그보다는 성욕의 전체 형식과 발달은 인격에, 다시 말해 삶의 양식과 "어떤 성숙한 인격의 모델"에 크게 좌우된다.

어린 시절엔 문제들이 부모와의 심리적인 관계 때문에 복잡해진다. 아이와 부모 사이에 심리적 갈등이 있는 경우에 당연히 성적 훈련이 형편없게 마련이다. 호전적인 아이는 특히 사춘기에 의도적으로 부모를 괴롭히기 위해 자신의 성욕을 악용할 것이다. 소년들과 소녀들은 부모와 싸운 직후에 성관계를 잘 갖는 것으로 알려져 있다. 특히 부모가 섹스 문제에 민감한 사람일 때, 아이들은 자기 부모에게 복수하는 수단으로 성관계를 이용한다.

우리 인간의 모든 행위가 유익한 어떤 목표를 추구하듯, 성욕도 당연히 그런 유익한 목표를 추구할 수 있어야 한다. 만일 목표가 적절히 선택된다면, 성욕도 삶의 다른 표현들과 마찬가지로 도를 넘지 않을 것이다. 정상적인 삶의 양식 안에서, 섹스도 적절한 표현의 기회를 발견할 것이다. 그렇다고 단지 성적 표현을 자유롭게 한다고 해서 그릇된 삶의 양식에 따른 오점이랄 수 있는 신경증이 극복될 수 있다는 뜻은 아니다. 억압된 리비도가 신경증의 원인이라는 믿음이 아주 널리 퍼져 있지만, 그것은 진리가 아니다. 그보다는 신경증을 가진 사람이 적절한 성적 표현을 발견하지 못하고 있다는 말이 맞다.

성적 본능을 보다 자유롭게 표현하라는 조언을 그대로 따랐다가 상태가 더 악화되는 사람들이 있다. 이유는 그런 사람들이 자신의 성적인 생활에 사회적으로 유익한 목표를 부여하지 못하기 때문이다. 사회적으로 유익한 목표만이 그런 사람들의 신경증적인 조건을 변화시킬 수 있다. 성적 본능을 표현하는 행위 자체가 신경증을 치료하지는 못한다. 왜냐하면 신경증이 삶의 양식에 일어난 병이고, 따라서 삶의 양식을 제대로 보살피고 바로잡음으로써만 치유될 수 있는 것이기 때문이다.

성욕을 대하는 여성의 태도

성욕을 대하는 여성의 태도를 연구할 확고한 바탕은 전혀 없다. 현재의 과학적인 경향들에 따르면, 그 같은 연구는 혈액의 성분을 분석하고, 내분비선들과 그것들의 상관관계들을 바탕으로 결론을 끌어내고, 육체적 조건들이 적절히 갖춰지면 이상적인 성적 행동을 낳을 것이라고 단정할 수 있어야 한다.

하지만 우리가 어떤 이상을 바탕으로 판단한단 말인가? 여성이 성적 발달을 이루는 목표가 단지 여성이 생식선들을 적절히 발달시키는 데에만 있는가? 훌륭하거나 나쁜 것을 어떤 식으로 판단할 것인가? 우리는 최대의 행복을 추구하고 있는가, 아니면 가장 많은 자손을 추구하고 있는가, 그것도 아니면 욕구의 최대 만족을 추구하고 있는가? 우리는 남자와 여자의 동등한 가치를 주장하고 있는가, 아니면 어느 한 쪽이 다른 한 쪽에 종속될 것을 요구하고 있는가? 이렇듯 질문도 많고 여성의 발달이 추구하는 목표도 많은 만큼, 삶의 성적인 형태들에 대한 요구도 많다. 대단히 인간적인 이 문제를 다룬 문서는 아주 많다.

과학적인 글들보다 더 많은 이야기를 들려주는 것이 바로 시인과 소설가, 화가, 조각가들의 작품이다. '성경'과 신화, 동화에서부터 현대의 남녀 작가들의 단편과 희곡, 서정시에 이르기까지, 성애 문제는 아주 폭넓게 다뤄졌고 아마 앞으로도 계속 다뤄질 것이다. 그러나 예술도 과학과 마찬가지로 지금까지 거의 전부 남자들의 작품이었기 때문에 주로 여자의 영혼에 대한 남자의 지식을 표현하고 있을 뿐이다. 중요한 문제들은 종종 풀리지 않은 채 그대로 남은 상태에서 "여자는 수수께끼야."라는 고백을 떠올리게 하고 있다.

이런 의견을 가진 사람들 중에서 남자들이 월등히 많다는 사실은 확실히 불행한 일이 아닐 수 없다. 그래서 여자를 남자나 여자의 욕구의 대상으로 전락시키는 예가 종종 보인다. 여자의 임무는 일반적으로 자신을 아름답게 가꾸고 아이를 낳는 것으로 여겨지고 있다. 게다가, 성격과 지적 자유, 객관적 노력, 직업과 공적 생활 능력 등에서의 부족이 지나치게 강조되고 있기 때문에 여자의 존재는 거의 전적으로 사랑과 후손의 보살핌에 적절한 것으로 여겨지고 있다. 이 같은 판단은 여자들에게도 큰 영향을 미치고 있다. 여자들도 대체로 남자들이 자신들에게 부과한 역할을 받아들이고 복종하는 것처럼 보인다. 조르주 상드는 이 같은 관행에 반란을 일으키며 이렇게 비판했다. "여자들의 미덕, 그것은 남자들의 멋진 발명품이라는 점이다!"

이것은 육체적 바탕 외에 다른 요소들이 여자의 성적 태도에 영향을 미치고, 또 그런 영향을 받은 여자의 성적 태도가 에로티시즘의 흐름을 크게 바꿔놓는다는 점을 암시한다. 여기서 말하는 다른 요소들을 꼽는다면, 우리 문화의 태도와 여성들의 상대적 숫자, 남자가 능동적으로 구애하는 특권에 따른 영향, 남자의 보다 확고한 경제적 바탕, 남자의 높은 학력과 훈련 등이 있다. 우리가 아는 한, 소녀들에게 여자의 역할을 가르치는 교육도 언제나 이런 요소들을 고려하고 있으며 소녀들을 그런 요소들에 적응시키는 것을 목표로 잡고 있다. 전적으로 육체에만 바탕을 둔 성욕, 다시 말해 다른 요소들로부터 분리된 상태의 성욕은 혹시 있다면 아마 정신이 박약한 사람들 사이에서만 발견될 것이다. 정신이 박약하지 않은 다른 예들의 경우에 성욕의 형태는 모두 사랑의 문제를 대하는 태도에 바탕을 두게 되어 있다. 당연히 이 태도는 미리 준비되고 미리 가르쳐진다.

개인의 관점

한 가지는 분명하다. 여성의 성욕은 결코 동일하지 않으며 다양한 요소들에 좌우된다는 점이다. 그렇다 하더라도, 시대와 장소, 민족을 불문하고 마치 유행처럼 어떤 통일성이 확인된다. 괴테의 '파우스트'에서 악마가 하는 말을 빌리면, "여자들의 영원한 아픔과 신음은 수천 가지의 소리로 나옴에도 모두 한 가지 원천을, 한 가지 치료 유형을 갖고 있다."고 한다. 그럼에도 각 개인의 예는 서로 매우 다른 것이 분명하다. 예를 들어, 남편을 찾으려는 일반적인 경향이 있다고 해서, 우리는 그것을 근거로 사회적으로 필요하기 때문에 어떤 바람직한 성적인 준비가 있다는 식으로 결론을 내리지 못한다.

여성들의 활동 범위에 대한 제한과 전통, 개인의 자존심, 경제적 이유 등이 성적 충동 못지않게 파트너의 선택을 강요할 수 있다. 여자들의 신체적 바탕에도 불구하고, 성적 충동은 개인의 삶의 형식과 개인의 최종적 의도에 따라 변화할 수 있고 또 다양한 방향으로 훈련될 수도 있다. 성적 충동의 자취는 어린 시절부터 주변 환경에 크게 좌우되고 다른 모든 충동과 마찬가지로 개인적으로 이해된 경험들에 의해 억제되거나 자극을 받는다. 소녀에 대한 교육이 소녀가 전반적으로 삶에 수동적으로 임하는 태도를 키우고 있다면, 그녀의 성적 행동 또한 수동적일 것이다.

어떤 여자의 성적 표현에 영향을 미친 요소들을 분석하는 작업은 그 여자 개인만을 대상으로 해야 한다. 성욕을 대하는 여자의 전반적인 태도와 같은 심리학적인 형식의 표현에서 어떤 진짜 인과관계를 찾을 것이라고 기대해서는 안 된다. 모든 경험뿐만 아니라 모든 신체기관의 느낌과 충동은 인격이라는 여과기를 거치게 되어 있으며, 따라서 당연히 그 사람의 개인적인 관점에서만 이해가 가능해진다. 이상적인 유형이라는 관점에서 보면, 앞에 말한 요소들의 활용과 모든 자기평가, 그에 따른 영향은 다소 잘못된 방향으로 발달한 것처럼 보이게 마련이다. 여자는 파트너가 자신에게 접근하며 구애하는 태도와 파트너의 내적 및 외적 습관을, 그녀 자신의 삶의 방식에 맞게 설정한 목표에 따라 경험하고 평가할 것이다.

소위 "여성적인" 특징들은 남자와 여자 사이에 나타나는 힘들의 사회적 균형에 크게 좌우되고, 여성적인 특징들의 기원도 힘들의 사회적 균형에 있으며, 이 특징들은 앞으로도 이 균형에 의해 형성되고 파괴될 것이다. 구혼자가 다가오기를 기다리는 태도와 수동성, 자제, 정숙, 모성, 한 남자만 바라보는 태도 같은 여자의 고유한 특징처럼 보이는 것들도 시대의 경향에 생각보다 훨씬 더 많이 좌우되고 또 개인의 최종적 목표에도 영향을 강하게 받는다. 대체로 유행으로 정당화되는 노출증의 가벼운 징후는 적극적이지도 않고 소극적이지도 않은 것으로 평가되어야 하는 한편, 보다 분명한 노출증은 아마 능동적인 성격을 드러낼 것이다.

이 같은 노출증이나 파트너에 대한 경시에서, 사소한 것을 페티시즘처럼 과도하게 평가하려는 경향이 자주 보인다. 이런 경향도 파트너를 이상적으로 그린 그림만큼이나 심각하게 사랑의 선택을 제한한다. 아무리 완벽한 존재라 하더라도 이런저런 요구 사항을 두루 다 만족시키지는 못할 것이다. 이런 요구 사항들이 어떤 선택이든 배제하려는 핑계에 지나지 않을 때가 종종 있다.

아니면, 언제나 성적 충동의 자율 규제와 성적 충동의 상부 구조(上部構造)를 따르는 사랑의 선택은 아주 다양한 동기들을 좇을 것이다. 어린 시절 초기의 인상과 아버지나 오빠의 이미지 등은 종종 함께 작용한다. 자유로운 상황에서 이뤄지는 한, 사랑하는 파트너를 선택하는 행위는 언제나 그 사람 본인의 개인적 태도의 특성이나 결함, 장점을 따를 것이다.

여자들 사이에 드물긴 하지만, 솔직하게 자신을 강한 존재로 느끼는 여자는 비슷한 남자를 선호할 것이다. 은밀히 우월을 추구하는 소녀들은 종종 약한 사람이나 장애인에게 끌리거나 자신보다 신분이 낮은 사람을 선택할 것이다. 마찬가지로, 자신과 가까운 사람이나 친척을 파트너로 선택하는 것도 약하다는 감정을 상징적으로 보여준다. 자기보다 나이가 아주 많은 남자나 나이가 아주 적은 남자를 선호하는 것도 그런 맥락에서 이해된다. 종종 모성애 성향이 대단히 비정상적인 방향으로 강화되기도 한다. 그러면 여자가 낙오자를 구원하거나 구조하겠다고 나서면서 정상적인 성욕을 억누르려 들 것이다.

유리한 요소들과 불리한 요소들

성애는 단순히 동물적인 성적 충동인 것만은 절대로 아니며, 쇼펜하우어(Arthur Schopenhauer)가 믿었던 것처럼 단순히 인간 종의 번식을 위한 자연의 유혹도 절대로 아니다. 성애는 그보다 전체 인격을 반영하는 인간의 사회적 감정 중에서 대단히 질이 높은 부분에 해당하며, 따라서 사회적 삶과의 연결이 어느 정도인지를, 그리고 두 사람이 함께 추구해야 하는 삶에 어느 정도 준비가 되어 있는지를 보여준다.

사랑할 줄 아는 능력은 어떤 조건에선 앞으로 발달하고 어떤 조건에선 위협을 받는다. 소녀가 여자로서 자신의 미래 역할과 관련해서 일찍이 내리는 결정뿐만 아니라 어린 시절의 상황도 사랑의 능력에 결정적으로 중요하다. 자신의 힘에 대한 믿음, 낙천적인 미래관, 사람들과 접촉하는 능력, 즐거움을 퍼뜨리려는 경향, 무비판적으로 자신이 여자에 속한다고 느끼는 감정, 여성의 역할에 대한 긍정은 언제나 호의적인 조건이다.

어린 시절 몇 년 동안에 여자의 역할을 무시하거나 싫어한 태도, 가족 중 어느 한 사람에 대한 집착, 전반적으로 약하고 열등하다는 감정, 사랑이 없는 환경에서의 양육, 자신과 다른 사람들에 대한 믿음의 결여, 추하거나 아름다운 용모, 여자다운 것들에 대한 경멸 등은 어떤 상황에서도 사랑에 대한 준비를 방해할 수 있다.

불운한 발달

소녀가 어린 시절에 처했던 상황이 가장 중요하다. 부모의 불행한 결혼 생활, 아버지의 알코올 중독이나 무분별, 상스러운 태도 또는 공개적인 불성실은 딸들로 하여금 평생 동안 비참하고 치욕적인 어머니의 운명을 살게 되지 않을까 하는 두려움에 시달리도록 만든다. 그런 불리한 조건에서 자란 여자들은 성적 성향을 아주 잘 가꿨을지라도 불신과 양심의 가책, 억제로부터 절대로 자유로울 수 없다. 그런 여자들의 종국적 목표는 여자의 역할에 분명히 따를 체면 손상을 피하는 것이 될 것이고, 그 같은 목표는 여자들이 그런 역할을 배제하도록 강요할 것이다. 이는 억제나 신경증적 징후, 성적 일탈 등의 보호 조치가 여자들의 전체 삶과 남자를 대하는 태도에 나타나도록 만든다.

그러면 여자들의 세계관과 논리, 습관, 성욕의 훈련 등은, 한마디로 말해서 여자들의 전체 삶의 과정은 남자들로부터 멀어지는 방향으로 흐르게 된다. 생후 첫 몇 년 동안에 발달하기 시작하는 인격과 경험, 다소 그릇되게 마련인 관점에 따라서, 성욕의 자연적이고 종국적인 목표가 대용적인 목표로 바뀐다. 이 대용적인 목표는 언제나 부차적인 문제들의 영역(온갖 종류의 성적 일탈과 일부 성적 디테일의 강조)에 속하거나, 아니면 성욕의 일부만을 충족시키며(성적 불감증) 남자들에 대한 두려움이나 무관심, 혐오 또는 남성적 성향을 낳으면서 여자들로 하여금 전체 생활방식뿐만 아니라 성생활에서도 남자 같은 역할을 하도록 한다.

그런 식으로 여자의 역할을 부분적으로나 전적으로 멀리하는 태도는 뚜렷이 표현된다. 아이를 갖거나 양육하는 일을 혐오하는 예가 자주 보인다. 이보다 조금 약한 경우엔 여자가 남편을 대체로 무시하고 아이를 최종적 목표로 잡기도 한다. 대부분의 경우를 보면, 온갖 종류의 신경증적 징후들이 성애의 조화로운 발달을 막는다. 매춘에 관대한 성향과 일부다처를 과장하려는 경향도 여자의 역할에 대한 혐오를 나타내는 것이다. 질 경련도 여자의 역할에 대한 거부를 극적으로 표현하는 것이다.

여자의 역할에서 벗어나려는 이 모든 징후들의 공통점은 소녀들이 문화 안에서 차지하고 있는 사회적 지위에 불만을 느끼고 있다는 점이다. 여자의 역할을 멀리하려는 경향은 남성들이 겉으로나 실질적으로 사회를 지배하고 있는 현상과 그런 현상 때문에 생기는 여자들의 호전적 태도에 따른 것이다. 여자들의 호전적인 태도는 공개적인 반란에서부터 우둔한 순종에 이르기까지 아주 다양하게 나타나고 있다. 남자들이 지배하는 상황을 바꾸려는 충동 때문에 여자들의 개인적 삶이 온갖 형식의 "남성성 항의"로 전락하고 있다. 이마누엘 칸트(Immanuel Kant)는 『실용적 관점에서 본 인간학』(Anthropology from a Pragmatic Point of View)에서 이와 똑같은 경험을 강조하고 있다. 또 요한 헤르더(Johann von Herder)는 모든 시대와 민족의 신부(新婦)의 노래들을 수집한 결과 일반적으로 슬픈 노래들뿐이라는 사실을 발견했다.

광범위하게 퍼진, 여자들은 열등하다는 미신, 그리고 여자들이 과학과 예술 분야의 최고 성취에서 거의 전적으로 배제되고 있는 현상은 일반적으로 여자들에게 일찍부터 낙담과 격분을 안겨준다. 여자들이 과학과 예술 분야에서 배제되는 현상은 부분적으로 여자들이 준비를 적절히 갖추지 못했기 때문이고, 또 부분적으로는 예술의 표현 형식들이 남자 위주로 발달해 왔기 때문이다. 여자들이 최고의 경지에 오를 수 있는 분야는 겨우 무용과 연기뿐이다. 이런 현실에서 여자의 역할에 대한 불만이 자주 여자가 패션이나 소망, 공상, 삶의 영위, 성애 등에서 남자를 모방하게 만든다 해도 전혀 놀랄 일이 아니다. 또 경험 많은 의사들의 추산에 따르면 여자들의 약 70%가 성적 성향을 완벽하게 갖춘 상태에서도 성적 불감증을 겪고 있다고 하는데, 이 같은 현실도 전혀 놀랄 일이 아니다.

성욕이 사회적이고 문화적인 형식으로 표현되는 방향으로 자유롭게 발달하는 것을 방해하는 이런 원인들 외에, 사랑의 준비가 부적절하거나 형편없는 경우가 있다. 이것도 성적 조화에 심각한 장애가 된다. 사회 전반에 팽배한 상호 불신, 과도한 이기주의, 파트너를 능가하려는 충동, 파트너보다 열등하지 않을까 하는 두려움 등은 자발적 헌신을 가로막고 사랑 관계를 망쳐 놓는다. 그다지 예쁘지 않은 소녀들은 남편의 열정이 빨리 식어버릴까 두려워하는 한편, 아름다운 여자는 자신이 단순히 성적 대상에 지나지 않는다고 믿으면서 학대받는 느낌을 받으며 인간적 존엄이 멸시당한다고 생각한다. 이 같은 태도는 종종 파트너의 총각 시절 습관이나 형편없는 성교 방법 혹은 남자의 성욕에 대한 오해 등에 의해 더욱 악화된다.

최초의 관계들이 이뤄지는 동안에 심리적 감수성에 입은 상처나 그 시기에 경험한 거북함이나 잔인성은 영원한 분노로 이어질 수 있다. 결혼 초기에 행동의 자유를 제한하는 조치와 아내의 뜻에 반하는 임신도 똑같은 결과를 낳을 수 있다. 어린 시절에 공포를 불러일으켰던 경험들과 여자가 되는 것이 고통스럽고 위험한 일이라는 식의 편견은 여자들의 열등감을 더욱 강화한다.

성적 장애

성욕의 발달은 충동들이 일깨워지는 과정에 있는 개인으로 하여금 자기성애적인 자위적 행동을 하도록 강요한다. 따라서 조만간 아이는 유혹을 통해서나 아니면 스스로 자위적인 만족을 얻게 될 것이다. 이때 아이는 환경과 문화에 의해 부분적으로 억제당하기도 하고 부분적으로 고무를 받기도 한다. 그 자체로는 해가 없는 자위적인 만족은 자기성애 쪽으로 훈련하는 결과를 낳을 것이다. 그런데 이 자기성애가 정상적인 에로티시즘의 발달과 그 효과를 저해하고, 따라서 자기성애에 반대하는 사람들의 입장을 상당히 강화해 준다. 왜냐하면 언제나 준비되어 있는 밸브처럼, 자기성애가 언제라도 성적 긴장을 낮출 수 있기 때문이다.

개인 심리학자들에겐 문화가 야기하는 곤경과 실수, 형편없는 지도와 부적절한 준비가 가장 중요하게 받아들여지는 반면에, 체질을 강조하는 사람들은 이런 요소들에는 중요성을 별로 부여하지 않거나 이런 요소들을 선(腺)들의 결함에 대한 반응으로 본다. 체질을 강조하는 사람들의 의견에 맞서, 개인 심리학은 다음과 같은 것을 강조할 것이다.

1. 자질을 아주 잘 물려받은 유기체도 실수와 잘못 때문에 엉뚱한 길로 나아갈 수 있다.
2. 개인 심리학의 관점에서 접근하면 내분비선의 결함을 포함한 신체기관의 열등이 충분히 고려된다. 물론 신체기관의 열등은 순수하게 신체적인 측면이 아니라 그보다 더 중요한 맥락에서 파악되어야 한다. 이 맥락은 개별 문화의 요구조건들과 열등의 관계를 말해주며, 열등이 자긍심에 어떤 식으로 영향을 미치며 형편없는 자기평가를 낳게 되는지를 보여준다.
3. 여자의 반(反)사회적인 성적 태도의 결과로 이뤄진 육체적 및 심리적 훈련은 여전히 다른 가치 판단과 관심을 끌어내며 언제나 성적 기능의 신체적 바탕을 변화시킨다. 이 변화로부터 어려움들이 추가로 더 생겨난다. 성적 기능을 고무하는 외부 세계의 자극은 기피의 대상이 되고, 신체기관의 충동은 정지되거나 연기되고, 신체기관은 인위적으로 정지 상태에 들어갔다가 삶의 방식에 일어난 변화로 인해 추가로 상처를 입을 것이다. 예를 들어,

소녀의 "단식 투쟁"(신경성 식욕부진)은 거의 언제나 여자의 역할을 거부하는 "남성성 항의" 때문에 시작되는데, 이런 경우에 극단적인 해방의 과정에서 생식선의 물질들이 줄어들 것이다. 그러나 이런 일이 벌어지기에 앞서 섹스 자체가 심리적으로 배제될 것이다. 심리적 장치들이 영양 섭취와 배변에 관한 관심으로 가득해지기 때문이다.

여자 동성애, 성적 공상에 대한 집착, 자위행위, 몽정은 남성적 항의의 표시들이며 남자들과 남자들의 퇴짜에 대한 두려움을 드러낸다. 동성애에 관한 꿈은 일반적으로 얘기되는 것과 달리 동성애의 증거가 아니고, 훈련이 그릇된 방향으로 일어나고 있음을 말해주는 신호이다. 일부다처에 대한 욕망, 과도한 연애, 체면 손상까지 감수하려는 열정, 첩이 되는 공상 등은 결혼을 배제하려는 시도를 가리킨다. 간통은 언제나 남편에 대한 반란의 신호이고, 또 목적을 가진 성애를 가장한 보복 행위이다.

준비가 제대로 되지 않은 상태에서 맞는 첫 번째 월경은 종종 여성의 역할에 반대하는 투쟁의 시작을 알리는 신호가 된다. 월경을 할 때마다, 저항이 새롭게 일어난다. 신체적 원인이 없는 가운데 일어나는 통증은 피의 배출을 느리게 하기 위한 수축 때문이며 또 월경이라는 사건에 대한 불만과 거부 때문에 더 강해지는 것 같다. 이 같은 관점은 결혼하고 나면, 다시 말해 여자의 역할과 광범위하게 타협이 이뤄지고 나면 통증이 사라진다는 사실에 의해 뒷받침된다. 멘스가 불결이나 병을 암시한다는 의견이 의사들에 의해 종종 제기되는데, 이는 여자들의 자신감을 떨어뜨리고 종종 깊은 우울증을 낳는다. 이 기간에 성적 감정이 고조되는 경우가 자주 있다.

갱년기에 가까워지는 때나 갱년기는 젊음과 아름다움에서 유일한 가치를 찾는 여자들에겐 대단히 어려운 시기가 된다. 그런 여자들은 이 시기에 여자로서의 가치에 대한 믿음을 상기시켜주는 마지막 증거를 잃는다. 그런 여자들은 우울하고 절망적인 상태에서 종종 주변 사람들에 대한 요구를 증대시킴으로써 자신의 가치감을 다시 얻으려고 노력한다. 또 다른 여자들은 성애를 통해서 파괴적인 갈등에 빠져든다. 이런 여자들의 성애는 그때까지 사라지지 않지만 어디서나 거부당하고 조롱당하며 진지하게 받아들여지지 않게 된다.

결론

삶을 대하는 그릇된 태도가 남자들과 여자들에게 불리하게 작용하고 있다. 우리는 성애의 육체적 바탕을 충분히 고려하는 한편으로 개인적인 태도도 성애의 방향과 결합에 결정적으로 중요하다는 점을 인정해야 한다.

여성의 건전한 섹스관이 정착되는 데 필요한 전제조건을 제시한다면, 다음과 같은 사항들이 꼽힐 것이다. 이 사항들은 대체로 충족되지 못하고 있다.

1. 성적 역할의 불변성에 대해 일찍부터 가르치고 성적 역할과 조화를 이루도록 이끌어야 한다.
3. 교육을 통해 사회적 관심에 부응하는 방향으로 사랑을 준비하도록 해야 한다.
3. 여자의 역할을 존중하는 분위기가 조성되어야 한다.
4. 삶과 인간 사회에 대한 긍정이 필요하다.

남자의 심리성적 태도

남자의 심리성적 태도는 기본적으로 여자들의 심리성적 태도와 일치한다. 우리는 언제나 우리가 상상하는 남자의 이상적인 유형을 기준으로 평가한 다음에, 함께 사는 인간의 삶에, 그리고 함께 사는 남자와 여자에 어느 정도 적합한가 하는 측면에서 이 이상형과의 차이를 최종적으로 판단한다. 어떤 남자의 독특함에 대한 우리의 평가도 이런 전제들을 엄격히 따르고 있다.

남자와 여자 사이의 다른 점은 우리 문화가 성 생활에서 여성들에게 부여하길 거부한 특권을 암묵적으로나 공개적으로 남자들에게 양보했다는 점이다. 남자가 성 생활에서 보다 넓은 활동 영역을 차지하고 있는 것은 주로 남자가 삶에서 보다 넓은 활동 영역을 차지하고 있기 때문이지만, 기본적으로 남자는 성욕의 결과에 따른 임신으로부터 자유로운 점과 적극적인 구애, 그리고 거대한 힘인 전통 때문에 성 생활에서 훨씬 더 많은 자유를 누린다. 이에 따라 남자들의 도덕성이 크게 약해진다는 점도 지적해야 한다. 일반적으로 용인된 성 도덕은 남자들보다 여자들에게 훨씬 더 많은 제한을 가하고 있다.

초기의 발달

남자의 성적 충동은 보통 사춘기가 시작되기 오래 전부터 다양한 강도로 나타나며, 소년 시절과 사춘기 혹은 그 후의 시기 동안에 잘못된 방향으로 나아갈 수 있다. 따라서 어떤 남자가 삶의 문제들을 대하는 태도는 언제나 그 사람의 성적 발달에도 영향을 미칠 것이다. 남자의 성적 충동은 다양한 영향에 의해서 강해지거나 약해질 수 있다.

이미 소년기에, 이런 영향들과 심리적 방향이 아주 분명하게 드러난다. 성적 준비는 무엇보다 소년의 적절한 역할을 강화하고, 성적인 문제에 대한 이해를 높이고, 사랑과 결혼을 추구하는 방향으로 용기 있게 목표를 설정하도록 하는 것으로 이뤄진다. 이 준비의 상당 부분을 우리의 문화와 제도가 아이의 양육을 책임질 사람들로부터 넘겨받았다. 다양한 의상과 다양한 놀이, 다양한 교육적 조치들이 발달의 과정을 제대로 이끌려고 노력하고 있다. 주변의 삶과 동물들의 행동을 통한 유추, 교육적 조치, 동료들에 의한 계몽은 성적 비밀들에 대한 지식을 높여준다. 책과 연극, 영화 등과 함께 종종 주변 사람들의 유혹이 이 지식을 완성시킨다. 게다가 소년은 삶의 모든 현장에서 사랑과 결혼에 관한 사실들을 접하고 있고, 모든 교육적 조치들은 사랑과 결혼 문제의 사회적 해결을 미래에 구현하려고 노력하고 있고, 성적 충동은 그런 식의 해결을 구하는 방향으로 나아가고 있다. 그렇기 때문에 소년이 미래 세계를 그리는 그림은 그런 방향으로 발달할 것이다.

이성을 대하는 소년의 태도를 보면 처음에는 보통 적대적이고 우월적인 태도가 나타난다. 소년은 누가 자신을 보고 소녀라는 식으로 말하면 불만을 강하게 표시할 뿐만 아니라 여자 옷에 대해서도 혐오감을 강하게 보인다. 이런 태도는 소년이 자신의 성적 역할을 발견했다는 점을 과장되게 표현하는 신호이다. 게다가 소년기 후반으로 접어들면, 남녀 공학에서도 대체로 소년의 우월이 드러나고, 소녀들에게 동등권이 거부된다. 그런 과정을 지켜보고 있으면, 마치 그렇게 하는 것이 의무인 것처럼 보인다. 프리드리히 실러(Friedrich von Schiller)의 시구처럼 말이다. "소년은 거만하게 소녀를 뿌리치고 달아난다." 이런 비판적인 제스처에서, 우리는 종종 애착의 특징과 사랑에 빠졌을 때의 특징을 발견한다. 초등학교 4, 5, 6학년에 이미 우정의 경향 혹은 비판적이고 적대적인 경향이 나타난다. 집적거리거나 공격하려 하는 경향도 드물지 않다.

성적 충동은 아주 일찍부터 자위행위를 하게 할 것이다. 어린 아이들이 서로를 유혹하면서 어린 시절 초기부터 자위행위를 하거나 정상적인 성 관계를 하는 예가 있다. 소년들의 경우에 성장하는 과정에 상호 자위행위를 통해서 동성애로 발전하기가 더 쉽다는 점도 지적할 필요가 있다.

사춘기

소년들은 보통 14세에 자위행위로 눈을 돌리며, 그러다 조만간 자위행위로부터 자유로워질 것이다. 사춘기 동안에, 억눌린 성적 충동은 다소 잦은 몽정을 통해 해소된다. 사춘기 아이들의 얼굴이 좋지 않아 보이고 피로해 보이는 것은 거의 언제나 병에 대한 두려움이나 발달 과정에 일어난 일부 장애 때문이다. 이 시기에 자위와 몽정이 완전히 극복될 수 있다. 그 후에도 자위와 몽정이 오랫동안 계속된다면, 그것은 여자를 배제하려는 시도로 받아들여져야 한다.

사춘기 동안과 사춘기 직후에, 보통 이상적인 소녀의 이미지가 형성되는데, 이 이미지는 가까운 사람의 특징을 보일 가능성이 크다. 이 이상적인 이미지는 그 뒤로 종종 변화하는 경향을 보인다. 다른 이상들이 생겼다가 사라지는 것이나 마찬가지이다. 지저분한 생각으로 이 이미지나 이 이미지를 구현하는 소녀를 더럽히는 것이 아닌가, 하는 두려움이 종종 보인다. 동시에 아주 터무니없는 공상도 나타날 수 있다. 자위행위는 종종 음란한 욕망을 현실로 실현시키고 싶은 유혹을 상징한다.

이런 순수한 감정과 함께, 음탕한 성욕도 종종 나타나고 성관계를 갖는 경우도 있다. 이때 성관계는 저항이 가장 적은 쪽을 따르면서 보통 매춘부나 소녀 하녀들과의 사이에 이뤄진다. 매춘부나 소녀 하녀들은 간혹 사랑과 결혼을 영원히 우회하도록 허용하는 출구 역할을 한다. 이 두 가지 잘못된 길을 젊은이들에게 권하는 교육자들도 있다. 이 경로를 폐쇄하는 것은, 초기에 성관계가 절대적으로 필요하다고 주장하지는 않지만 그래도 진정한 사랑에는 모든 권리를 부여하는 것을 두려워하지 않는 사람들에게만 가능할 것이다. 여기서 말하는 진정한 사랑이란 두 파트너가 서로를 지지하고 옹호할 준비가 되어 있는 사랑을 뜻한다.

사회의 관습과 관행, 모임, 춤, 남녀가 동시에 참여하는 프로젝트 등은 소년들이 그때까지 제대로 발달한 소녀들을 추구하려는 경향을 키우고 고무한다. 소년과 소녀의 결합을 위한 훈련은 지속적인 과정이다. 생각과 거리, 극장, 그림 등에 사랑과 결혼을 자극하는 내용이 많다. 물론 결혼은 경제적인 문제와 직장 문제와도 밀접히 연결되어 있다. 결혼할 나이가 될 때까지 비교적 긴 기간 동안에, 너무 많은 젊은이들이 성적 무절제 상태를 보이거나 성병에 걸린다.

결혼

어떤 남자가 결혼을 할 때, 그 사람은 결혼의 절대적인 요구사항에만 직면하는 것이 아니다. 그 사람은 자신의 개인적 요구사항까지 결혼 생활로 끌고 들어가게 된다. 그런데 이 개인적 요구사항이 두 사람의 결혼 생활에서 설 자리를 절대로 찾지 못하고 두 사람의 관계를 흔들어놓는 경우가 자주 보인다. 남자의 준비 상태는 언제나 그의 세계관과 여자를 대하는 태도를 보여줄 것이다. 그가 짝을 선택하는 행위 자체가 이미 그가 여자와 결혼에 대해 생각하고 있는 이상(理想)의 영향을 받고 있다.

어떤 남자가 자기 어머니와 누나에게 만족을 느끼고 어머니와 누나들 앞에서 자신의 주장을 내세울 수 있었는지 여부에 따라서, 그 사람이 선택하는 소녀는 정신적으로나 육체적으로 그의 어머니나 누나를 닮거나 닮지 않을 것이다. 따스한 온기를 갈망하는 남자라면 자신을 애지중지해 줄 수 있는 그런 소녀들을 추구할 것이다. 경쟁 같은 것을 통해서 지배하길 원하는 남자라면 강해 보이는 소녀들을 추구할 것이다. 혹은 성격이나 체구, 힘 등의 면에서 자신이 쉽게 이끌 수 있는 소녀를 선호할 것이다. 당연히 이 선택은 많은 실수를 확인하게 만들 것이다. 주요 이유는 어떤 소녀도 영속적인 종속을 견뎌내지 않을 것이기 때문이다.

결혼을 위한 준비가 제대로 된 사람이라면, 그 후 결혼 생활의 과정과 성적 태도의 과정은 전적으로 파트너에게 좌우될 것이다. 그의 상대방 여자도 조화를 창조하는 방법을 잘 알고 있다면, 두 사람은 삶의 끝까지 성욕의 그림을 조화롭게 그려나갈 것이다. 이런 경우는 무척 드물 것이며, 이는 우리의 후손들에게 결혼에 필요한 교육을 적절히 시키지 않고 있다는 점을 뒷받침하는 증거이다.

두 사람이 조화를 이뤄나가는 경우에, 성욕과 함께 무조건적인 동료 관계가 발달할 것이다. 그러면 두 사람 사이의 차이는 더 이상 문제가 되지 않거나 쉽게 극복될 수 있다. 그런 결혼 관계에는 새로운 세대가 들어설 공간이 충분할 것이며, 그러면 2세도 똑같이 동료 관계 속으로 받아들여질 것이다. 성적인 문제도 공통의 해결책을 찾을 것이고, 상대방의 명령으로 느껴지지도 않을 것이고, 어느 쪽도 자신을 하나의 대상으로 느끼지 않을 것이다. 성적 귀속감은 말년까지, 종종 60세 이후에 성욕이 자연적으로 서서히 사라질 때까지 어떤 방해도 받지 않을 것이다. 성교는 둘 사이에 어떤 결함도 없다는 점을 증명할 것이고 피로나 슬픔의 원인을 절대로 제공하지 않을 것이다.

결혼 생활을 영위할 준비가 제대로 되지 않은 사람의 경우엔 이야기가 많이 달라진다. 사춘기에 이은 새로운 상황에, 그러니까 성욕의 발산이 가능하고 바람직한 것으로 여겨지는 시기에, 결혼 준비가 제대로 되지 않은 사람들은 모든 상황에서 준비가 미흡했다는 사실을 고통스럽게 느끼면서도 그 이유를 제대로 모른다. 그런 사람은 불안전감 혹은 부적절한 자신감 때문에 성욕에서, 그래서 여자와 여자에 대한 헌신에서 오히려 자신의 중요한 영역을 위협하는 요소를 보게 된다. 그런 사람은 건강한 성애의 중요한 조건인 솔직함을 결여하게 될 것이다. 그런 사람은 행동에서 우회나 일탈을 보일 것이다. 이 우회나 일탈 중에서 가장 강력한 것이 바로 동성애와 자기성애이다. 마찬가지로, 성적 역할의 다른 대체적인 형태, 즉 페티시즘이나 사디즘, 마조히즘, 도착적인 버릇 등은 옛날의 불안전을 드러내고 사회가 제공하는 욕망 충족 대신에 은밀한 충족을 추구하려는 시도를 보인다. 이런 시도는 자신의 가치에 대한 테스트를 피하기 위한 것이다.

매춘부를 선택하고 또 어떠한 책임으로부터도 자유로울 수 있는 애착을 선호하는 것도 그와 똑같은 약함을 보여준다. 이런 역할을 제대로 이해할 때, 우리는 돈 후안과 일부다처의 예에서 용기의 결여를 확인할 수 있게 된다. 이 같은 용기 부족은 곤경을 뚫고 나가기를 원하지 않는 가운데 싸구려 성공을 선호하는 사람들의 두드러진 특징이다. 성욕은 니체의 표현처럼 "두 사람의 동등한 파트너들이 함께 성취하는 것"(twosomeness)이다. 사랑에는 한쪽 파트너가 다른 쪽 파트너를 누름으로써 두드러지려는, 다시 말해 자신의 허영을 충족시키려는 노력을 펼 공간이 전혀 없다. 그런 노력은 일종의 학대이고 상스러운 짓이다. 그것은 성애의 구조를 허물어버린다. 그것이 사랑의 법칙들을 고려하지 않기 때문이다.

결론

따라서 남자에게 나타나는 성적 행동의 종류와 범위는 여자의 경우와 마찬가지로 그 사람의 인격에서 비롯되고 또 일반적으로 그의 정신 작용을 반영한다는 결론이 가능하다. 또 남자의 생식기가 온전한 한, 그 사람의 성적 행동의 종류와 범위는 그가 준비하고 훈련한 결과물이라는 결론도 가능하다.

성교육과 사춘기

성교육

성교육이라는 주제가 최근에 터무니없을 만큼 과장되고 있다. 좀 과장되게 표현하면, 많은 사람들이 이 주제에 미쳐 있다고 할 수 있다. 그런 사람들은 어느 나이에나 성교육을 하길 원하면서 성적 무지의 위험성을 선전하고 있다. 그러나 우리 모두 자신의 과거와 다른 사람들의 과거를 돌아보면, 성적 무지의 위험이 그런 사람들이 상상하는 것만큼 크지 않다는 사실이 확인될 것이다.

아이에겐 두 살 정도 되면 아이가 소년인지 소녀인지를 알려줘야 한다. 또한 그 시기에 아이의 성이 바뀔 수 없다는 점을, 소년은 장차 신사로 성장할 것이고 소녀는 부인으로 성장할 것이라는 점을 설명해 줘야 한다. 이 정도만 아이에게 가르쳐준다면, 다른 지식이 부족해도 그다지 위험하지 않다. 소녀는 소년처럼 자라지 않을 것이고 소년은 소녀처럼 자라지 않을 것이라는 점을 이해시킨다면, 성의 역할이 아이의 마음에 확립될 것이고 아이는 정상적인 방향으로 자신의 역할을 발달시키고 거기에 대비할 것이다. 그러나 만약에 아이가 교묘한 어떤 방법으로 성을 바꿀 수 있다고 믿는다면, 문제가 발생할 것이다.

부모가 자식의 성이 바뀌었으면 하는 소망을 끊임없이 표현할 경우에도 문제가 생길 수 있다. 래드클리프 홀(Radcliffe Hall)의 『고독의 샘』(The Well of Loneliness)을 보면 이런 상황이 훌륭하게 그려지고 있다. 소녀를 소년처럼, 소년을 소녀처럼 기르고 싶어 하는 부모들이 종종 보인다. 그들은 아이들이 이성의 옷을 입은 모습을 사진에 담곤 한다. 간혹 소년처럼 생긴 소녀가 보인다. 그러면 사람들은 소녀를 소년이라고 부를 것이다. 이는 아이에게 엄청난 혼돈을 야기할 것이다. 그래도 이 같은 혼돈은 충분히 피할 수 있다.

소녀를 경시하고 소년을 우월한 것으로 여기는 식의 대화는 피해야 한다. 아이들에게 남자와 여자는 동등한 가치를 지닌다는 점을 이해시켜야 한다. 이것은 낮게 평가받는 성의 구성원들 사이에 열등 콤플렉스를 예방하는 데에만 중요한 것이 아니다. 남자 아이들 사이에 나쁜 영향을 차단하기 위해서도 필요하다. 만일 소년들에게 남자가 우월한 성이라는 점을 가르치지 않는다면, 아이들은 소녀들을 단순히 욕망의 대상으로 보지 않을 것이다. 이 소년들이 자신의 미래 임무에 대해 안다면, 그들은 남자와 여자의 관계에 대해서도 추하다는 식으로 보지 않을 것이다.

달리 말하면, 성교육의 진정한 문제는 단순히 아이에게 성관계의 생리학을 설명하는 것이 아니다. 사랑과 결혼을 대하는 전반적인 태도를 적절히 준비시키는 과정까지 성교육에 포함시켜야 한다. 이것은 사회적 관심이라는 문제와 매우 밀접히 연결되어 있다. 만일 어떤 사람이 사회적 관심을 갖지 않는다면, 그 사람은 섹스 문제를 우습게 여길 것이고 모든 일을 자신의 관점에서만 볼 것이다. 물론 이런 일이 자주 일어나고 있다. 이는 우리 문화의 결함을 그대로 반영하고 있다. 여자들이 고통을 당하는 이유는 우리 문화에서 남자가 주도적인 역할을 하기가 너무나 쉽기 때문이다. 그러나 남자도 또한 고통을 당하고 있다. 왜냐하면 이 같은 허구적인 우월이 남자가 사회의 기반을 이루는 중요한 가치들을 보지 못하도록 막기 때문이다.

성교육의 육체적 단계에 대해 말하자면, 아이들이 이 교육을 아주 일찍 받을 필요는 없다. 아이가 호기심을 보일 때까지, 아이가 어떤 것을 발견하길 원할 때까지 기다려도 무방하다. 자기 자식에게 관심이 있는 어머니와 아버지라면 아이가 부끄러워서 질문을 하지 못한다는 것이 느껴지면 직접 나서야 할 때를 잘 알 것이다. 만일 아이가 자기 아버지나 어머니가 친구처럼 느껴진다면, 아이는 질문을 할 것이고, 그러면 부모는 아이가 이해할 수 있는 적절한 방식으로 대답해야 한다. 이때도 아이의 성적 충동을 건드릴 대답은 피해야 한다.

이 맥락에서 성적 본능이 꽤 조숙한 것처럼 보여도 특별히 걱정할 필요는 없다는 점을 강조하는 것이 바람직할 것 같다. 성적 발달은 아주 일찍, 실제로 생후 몇 주일부터 시작된다. 유아도 성감의 쾌락을 경험하고, 가끔 성감대를 인위적으로 자극하려 드는 것은 거의 틀림없는 사실이다. 아이에게서 일부 불쾌한 일이 시작된다는 신호가 보여도 크게 놀라서는 안 된다. 그럴 것이 아니라, 그 같은 일에 중요성을 지나치게 많이 부여하는 것처럼 보이지 않는 가운데 그 같은 행위를 중단시키도록 최선의 노력을 기울여야 한다.

만일 아이가 어른이 이런 문제에 대해 걱정을 지나치게 많이 한다는 사실을 발견한다면, 그 아이는 관심을 끌기 위해 일부러 그 버릇을 계속할 것이다. 우리 어른이 아이가 성적 충동의 희생자라고 생각하게 만드는 것이 바로 그런 행동이다. 실제로 보면 아이는 성적 충동에 희생되고 있는 것이 아니라 자신이라는 존재를 과시하는 수단으로 그 버릇을 이용하고 있는 것이다.

아직 체구가 작은 아이들은 대체로 자신의 생식기를 갖고 놀면서 관심을 끌려고 노력한다. 아이들이 부모가 그 같은 행위에 겁을 먹는다는 사실을 잘 알고 있기 때문이다. 아플 때 부모들이 응석을 더 잘 받아주고 자식을 애지중지한다는 사실을 아는 아이들이 꾀병을 부리는 것과 똑같은 심리이다.

만약에 모든 형태의 조숙한 자극을 피할 수 있다면, 아이의 성적 충동과 관련해서 걱정할 것이 하나도 없다. 적절한 시기에 단 몇 마디의 말만으로도 충분하다. 이때도 아이를 자극해서는 안 되며, 대답은 언제나 단순하고 진실해야 한다.

아이의 신뢰를 계속 지켜나가길 원한다면, 무엇보다 아이에게 거짓말을 하는 일이 있어서는 안 된다. 인류의 90% 정도는 성 관련 지식을 자기 동료들로부터 얻는데, 부모를 신뢰하는 아이는 자신이 동료들에게 들은 설명을 무시하고 부모의 말을 믿을 것이다. 그런 협동과 동지애가 부모가 이리저리 둘러대며 제시하는 다양한 핑계보다 훨씬 더 중요하다.

지금까지 말한 내용은 성교육 문제에서 가장 중요한 사항들을 보여주고 있다. 교육의 다른 모든 단계에서와 마찬가지로, 성교육에서도 가족 안의 협동과 우애가 대단히 중요하다는 사실이 확인된다. 이 같은 협동이 이뤄지고 있고 또 성의 역할이나 남자와 여자의 평등에 대한 지식이 갖춰진다면, 아이는 자신의 일을 건강한 방향으로 수행할 준비를 제대로 하게 될 것이다.

사춘기의 현상들

사춘기는 심리적 성숙 과정 때문만 아니라 육체적 성숙 과정 때문에도 아주 두드러진다. 소녀의 사춘기는 소년에 비해 다소 일찍 시작하고 일찍 끝난다. 육체적 성숙은 모든 신체기관에서 일어난다. 심지어 생식선들이 훼손되거나 상실될 때조차도 신체적 성숙이 일어나는데, 이런 경우엔 부차적인 성적 특징들이 부적절하게 발달하게 된다. 심리적 성숙은 부적절한 교육 때문에 일시적으로나 영원히 방해를 받을 수 있다.

시인들과 연구원들, 보통 사람들은 주로 사춘기에 대한 이중적인 견해를 허용하는 두 가지 형식의 표현에 강한 인상을 받아 왔다. 한편으로 보면, 사춘기로 접어들면서 아이의 능력이 두드러지게 증대된다. 이것은 질적으로나 양적으로 권력이 증대된다는 것을 의미한다. 이 능력은 사회적 및 직업적 통합, 추상적 사고 능력, 부족을 보완하려는 경향, 사회적 및 성적 결합을 향한 충동, 자신의 발견 또는 강화, 삶의 계획의 형성, 직업 영역으로의 진출 등을 포함한다. 또한 이상을 추구하려는 경향, 인생철학의 발달, 내면세계의 정복, 성욕의 이상화와 영성화, 삶의 가치들에 어떤 태도를 취하는 현상도 종종 나타난다. 어린 시절의 기준을 13세에서 21세 사이의 성숙하고 있는 젊은이들에게 적용할 때, 이런 모든 표현들은 눈에 띌 정도로 두르러진다.

다른 한편에선, 성인의 기준을 이 시기에 적용하면, 사춘기의 단점들이 더욱 분명해진다. 더 크고 더 강해진 운동 기관에 익숙하지 않은 탓에 생긴 어색함과 서투름, 익숙하지 않은 상황에서 간혹 나타나는 소심과 수줍음, 반항적이고 비판적이고 회의적인 행동, 과도하게 의미를 추구하려는 노력, 구호나 표어만 내걸면 삶의 수수

께끼들을 풀 수 있다는 듯이 구호나 표어에 중독되는 현상, 기존에 용인된 가치들을 비난하려는 태도, 강요나 문화적 가치들에 대한 반대와 저항 등등. 이 모든 것들이 사춘기의 특징들이다. 온갖 종류의 일탈과 무절제도 거기에 포함된다. 이 일탈과 무절제는 어린 시절부터 느꼈던 열등감에 대한 반란과 항의로 공개적으로나 은밀하게 터져 나온다.

따라서 사춘기의 삶은 나머지 사람들의 삶과 두드러지게 달라 보인다. 그 차이가 워낙 뚜렷하다 보니, 젊은이들은 그들만의 법칙을 따르고 또 그들만의 삶의 형식을 갖고 있다는 믿음이 팽배하다.

지난 몇 십 년 동안에, 젊은 청년 조직들이 특히 독일 땅에서 두드러지게 많이 나타났다. 그들은 틀림없이 동료의식이라는 긍정적인 가치를 갖고 있다. 그러나 그 조직들은 또한 문화에 대해 어떤 적대감을 품고 있다. 이 적대감은 이따금 그들끼리만 고립되어 있을 때 더욱 분명해지며, "부모"에게 적대적인 태도를 보이며 여자들로부터 달아나려 든다.

객관적인 시각으로 관찰하면, 사춘기 동안에 기본적으로 새로운 힘들은 전혀 나타나지 않는다. 모든 사춘기 현상은 어린 시절의 발달 단계에서도 쉽게 확인된다. 사춘기라는 시기는 삶의 전선으로 나서야 하는 때와 가까운데다가 젊은이들의 신체기관이 성숙하고 육체적 및 심리적, 성적 요구가 복잡하게 얽히는 때이기 때문에 마치 실험처럼 미래에 대해 많은 기대를 품게 만든다. 성숙 중인 아이는 이제 이런 삶의 태도들과 삶이 현재와 미래를 위해 요구하는 것들을 받아들이는데, 아이가 받아들인 삶의 태도는 모두 그 전에 이뤄진 훈련과 일치한다. 사회적 문제와 동료 인간과의 관계라는 문제에서, 친화적인 세계관이나 철학 또는 그와 반대되는 세계관이나 철학이 나타날 것이다. 어떤 세계관 또는 철학이 나타날 것인지는 어린 시절에 사회적 감정의 발달에 따라 결정된다.

직업 선택의 영역에서도 직업에 가까워지거나 직업에서 멀어지려는 움직임이 포착된다. 이 움직임이 어떤 식으로 전개되는가 하는 문제는 자신의 능력에 대한 믿음에 따라 달라진다. 젊은 소년과 소녀들이 훨씬 더 큰 독립과 자유를 누리고 또 어른들로부터도 더 많은 인정을 받는 이 시기에, 성욕과 성적 목표에 대한 그들의 평가와 관점들이 더욱 분명해진다. 사춘기의 이런 모든 문제들에 대한 대답을 찾는 것은 어렵지 않다. 오랜 전의 단계에서부터 접근하면 젊은이들이 그때까지 발달시킨 사회적 관심과 스스로 중요한 존재가 되려는 노력, 열등감 등이 드러나면서 대답이 가능해진다.

어린 시절의 부적절한 준비를 꼽는다면, 사회적, 직업적, 성적인 방향으로 삶에 대한 훈련이 불완전했고 또 자신을 믿고 자신을 의지하는 용감한 성격을 제대로 발달시키지 못한 점이 주로 언급된다. 우리 문화에서 삶은 낙천적이고 결단력 있는 태도와 훈련을 요구한다. 이 요구에 부응하지 못할 경우에 갈등과 모순이 불가피하며, 이 갈등과 모순은 일찍이 어린 시절과 학교, 가족, 동무들과의 관계에서 나타난다. 갈등과 모순의 결과는 특히 의존적인 개인들에게 해롭게 나타난다. 이는 의존적인 사람들이 대단히 예민하고 우유부단하기 때문인데, 이 같은 특성이 그들을 저항이 덜한 쪽으로 밀어붙이게 된다. 그래서 사춘기 동안에, 온갖 결정이 이뤄지는 삶의 최전선과 가까운 곳 어딘가에서 교양의 길에서 벗어나는 일탈이 은밀히 또는 공공연히 일어나는 것이 자주 보인다. 이 일탈의 의미는 어떤 테스트를 피하는 것이다.

사춘기의 불쾌한 동요를 약한 존재라는 감정을 보상하려는 시도로 이해하기만 하면, 사춘기의 현상과 사춘기의 효과로 여겨졌던 것들 중 많은 것이 전진적이긴 하지만 부적절한 성숙의 결과인 것으로 확인된다. 아이들은 거의 모두 준비를 적절히 갖추지 못하기 때문에, 사춘기의 테스트가 갈등을 낳기 마련이다. 젊은이들은 거의 예외 없이 낙담하고 있으며, 그 주된 원인은 용기 부족과 교육 부족, 사랑의 결여, 응석받이 양육, 미래에 대한 지나친 기대 등이다. 따라서 사춘기 청년들 사이에 여러 가지 구실을 내세우며 긴급한 요구사항을 피하려 드는 경향이 팽배하게 되었다.

갈등의 심화를 통해서 사회적 문제나 직업적 문제, 사랑의 문제로부터 달아나려는 태도에도 특별히 관심을 기울일 필요가 있다. 강해서가 아니라 약한 까닭에, 강한 존재라는 망상을 불러일으킬 삶의 형식들이 종종 전개된다. 또 가족 안에서 터무니없는 싸움이 종종 폭발한다. 진짜 또는 상상 속의 권위를 상대로 한 무가치한 전투가 온갖 힘을 다 끌어들인다. 직업 활동에 대한 증오와 혐오, 관심의 부족은 주로 패배에 대한 두려움에서 일어난다. 정상적인 사랑의 능력마저도 자신의 우월을 보다 확실히 보장해줄 것 같은 도착적인 방향으로 일어나는 훈련 때문에 간섭을 받는다. 편파적인 자아 숭배는 사회적 감정이 질식되었다는 것을 의미하며, 해로운 고립을 부르고, 언제나 신경과민과 무절제한 야망과 연결되어 있다. 그런데 이 신경과민과 무절제한 야망은 거듭 갈등과 고립을 추가로 야기한다.

이런 결정적인 상황에서, 뒤로 물러서려는 움직임으로 받아들여야 할 징후들이 많이 나타난다. 그 징후들을 보면, 충동 신경증, 히스테리, 신경쇠약, 불안 신경증 등이 있고, 완전히 붕괴한 상태로는 정신분열증이 있다. 보다 능동적인 젊은이들의 내면에서 무법과 범죄의 길을 추구하려는 경향이 나타나는 것도 정상적인 역할을 단념했다는 뜻이다.

사춘기에 자살자들의 숫자도 증가한다. 용기를 잃은 젊은이들의 경우에 사춘기로 접어들면 갈등을 누군가에게 보복하는 방식으로 해결하려 드는 경향을 강하게 보이기 때문이다.

사춘기 동안에 문제를 일으키는 이런 현상들과 함께 아주 고상한 가치들도 발견된다. 모든 수행력과 능력에서 추가적인 발달이 확인된다. 독립심과 책임감, 연대감이 더욱 뚜렷해진다. 오랫동안 이어진 준비와 기술이 최고의 가치를 발휘하며, 기술의 습득과 추가적인 발달은 보다 성숙해진 사람의 삶에, 활동과 사명감과 관련해서 보다 명확한 방향을 제시한다. 예술과 과학 분야의 소질은 이 기간에 종종 사라지지만, 다른 분야의 경우에 창조적인 능력이 놀랄 만큼 독창성을 발휘한다. 예전에 습득한 삶의 형식들이 능력 증대와 독립을 위한 투쟁과 함께 더욱더 분명하게 드러나게 된다. 지금까지 보고 듣고 읽은 것들과 여전히 연결되어 있는 안내 이상들은 지금 이 순간에 생성되고 있는 미래 삶의 의미를 카리키고 있다.

4장

사랑과 결혼

삶의 한 과제로서의 사랑

어떤 사람을 완전히 알기 위해선, 우리는 그 사람의 사랑 관계 속에서도 그를 이해할 수 있어야 한다. 우리는 그 사람이 사랑의 문제에서도 올바르게 행동하는지 여부를 말할 수 있어야 한다. 그리고 그가 어떤 사랑에는 부적합했던 반면 다른 사랑에는 적합할 수 있었던 이유도 말할 수 있어야 한다. 당연히, 여기서 문제가 하나 제기된다. 사랑의 관계에서 실수를 예방하기 위해 우리가 할 수 있는 일은 무엇인가? 인간의 행복이 사랑과 결혼 문제의 해결에 크게 좌우된다면, 우리는 이 질문을 아주 중요하게 받아들여야 할 것이다.

시작 단계에서 대부분의 사람들이 한 가지 어려움을 제기한다.

그들은 사람들이 서로 비슷하지 않다고 말한다. 또 두 파트너가 서로 다른 사람을 만났더라면 아마 현재보다 더 행복할 수 있었을 것이라고도 한다. 그럴 가능성을 인정한다면, 이 같은 고려는 우리에게 문제의 당사자들이 나쁜 선택을 했다는 이야기밖에 더 들려주지 못한다. 하지만 사랑의 문제에서 허물어지는 것이 잘못된 선택 때문인지 아니면 남녀 당사자가 다른 사람을 만났더라도 보다 깊은 이유들 때문에 마찬가지로 비틀거렸을 것인지에 대해 우리는 알지 못한다. 인간 영혼과 그 영혼의 원동력을 이해할 수 있다면, 우리는 종종 실수를 피할 수 있게 된다.

3가지 삶의 과제

사랑 관계의 문제는 인간 삶의 문제의 한 부분이다. 사랑 관계의 문제를 이해하려면 반드시 삶의 다른 문제들과의 연결 속에서 살펴야 한다. 삶은 3가지 중요한 과제를 제시한다. 이 과제의 해결에 우리의 미래와 행복이 달려 있다.

첫 번째 과제는 가장 넓은 사회적 과제이다. 삶은 모든 사람들에게 행동을 요구하고, 동료 인간들과 접촉하는 능력을 키울 것을 요구하고, 가족 안에서도 행동을 요구하고, 사회적 태도를 형성할 것을 요구한다. 어떤 사람이 자신의 삶에 방향을 제시할 목표로 어떤 사회적 질서를 선택하는가, 또 행동을 하면서 자신의 행복을 어느 정도 생각하고 다른 사람들의 행복을 어느 정도 생각하는가 하는 문제는 그 사람의 운명에 아주 중요하다. 그의 내적 선택을 외적 결정을 바탕으로 파악하기가 어려운 경우가 종종 있다. 그가 사회적 태도가 걸린 문제들에서 전혀 아무런 결정을 내리지 못하기 때문이다. 그래서 그의 견해를 이해하려면 외양과 다른 차원에서 접근해야 한다.

이것은 어떤 사람의 정치적 태도와 매우 비슷하다. 사람들은 자신의 정당에 좀처럼 만족하지 않는데, 그러면 다른 사람들은 그런 그들을 보고 종종 다른 정당 소속이라고 생각할 것이다. 중요한 것은 언제나 그 사람이 인간 공동체를, 말하자면 가장 넓은 의미에서 말하는 동료 인간들을 대하는 행동이며, 그 사람이나 다른 사람들이 인간 공동체에 대해 생각하는 것은 중요하지 않다.

삶의 두 번째 과제는 직업의 과제이다. 즉 사람이 자신의 능력을 일반 대중에게 이바지하는 쪽으로 어떤 식으로 발휘할 것인가 하는 문제가 삶에서 중요한 것이다. 이 문제의 해결은 그 사람의 본질을 가장 분명하게 보여준다. 예를 들어, 어떤 젊은이가 모든 직업을 놓고 혐오스럽다고 판단한다면, 우리는 잠정적으로 그를 우리의 동료로 적절치 않은 사람으로 볼 것이다. 왜냐하면 그가 아직 사회를 위할 만큼 충분히 성숙하지 않았거나 혼자 힘으로는 절대로 성숙하지 못할 수도 있기 때문이다.

대부분의 경우를 보면, 직업 선택은 무의식적 연결에 의해 이뤄진다. 그렇게 말하는 이유는 선택의 순간에 아무도 일반 대중의 이익을 위하는 걸음을 내디뎠다고 생각하지 않고 또 스스로 일반적인 분업에서 어떤 자리를 선택했다고 고려하지 않기 때문이다. 당연히, 사람이 직업으로 하는 일은 중요하다. 어떤 사람은 직업 선택을 했지만 그 직업에서 실패하거나 조금 지나서 다른 직업을 택해야만 한다는 사실을 깨달을 수도 있다. 직업을 빈번하게 바꾸는 사람의 경우에 어떤 직업도 선호하지 않거나, 실제로 보면 어떠한 직업에도 그다지 훌륭한 인재가 아닌데도 자신은 직업을 택하기엔 너무 훌륭하다고 생각하면서 단지 직업을 가지려는 척하고 있을 수도 있다.

모든 사람이 풀어야 하는 삶의 세 번째 과제는 사랑과 결혼의 문제이다. 여기서는 이 문제를 특별히 고려할 생각이다. 아이는 성장하면서 점진적으로 이 문제와 맞닥뜨리게 된다. 아이의 주변 환경은 사랑과 결혼의 관계들로 가득하다. 생후 몇 년 째를 맞는 아이는 틀림없이 이 문제에 어떤 입장을 취하려 시도하면서 스스로에게 어떤 방향을 제시할 것이다.

우리가 사랑과 결혼의 문제에 대해 말로 듣는 것은 결정적으로 중요하지는 않다. 왜냐하면 아이가 사랑의 문제에 눈을 뜨자마자 종종 엄청난 부끄러움이 아이를 압도하기 때문이다. 어떤 아이들은 이 주제에 대해 말하지 못한다는 점을 꽤 분명하게 표현한다. 그런가 하면 부모에게 매우 헌신적이면서도 부모 앞에 속을 털어놓지 못하는 아이들도 있다. 4세 된 어느 소년은 자신에게 키스를 하려는 사람의 뺨을 때리기도 했다. 이는 애정 어린 충동의 감정이 아이에겐 낯설고 놀라움으로 다가오기 때문이다. 심지어 그런 감정이 아이에게 모욕으로 느껴진다고 말하는 전문가들도 있다.

우리 자신의 삶을 되돌아봐도 애정 넘치는 충동에는 언제나 일종의 수치심 같은 것이 수반되고 또 약한 존재가 되거나 가치를 잃을 수 있다는 인상이 따랐던 것이 확인된다. 이 같은 인상은 주목할 만하며 설명을 요구한다. 우리 문화는 일반적으로 남성적인 이상 쪽으로 경도되어 있다. 따라서 우리는 애정 넘치는 충동이 치욕으로 여겨지는 그런 마음의 틀 속에서 성장했다. 따라서 학교에서나 문학 속에서, 아니 모든 환경에서 아이들은 사랑에서 일종의 남자답지 못한 점을 보도록 지속적으로 훈련을 받고 있다고 할 수 있다. 간혹 아이들은 이 점을 매우 분명하게 표현하고 있으며, 심지어 어떤 아이들은 사랑의 감정을 피하려 들기도 한다.

사회적 삶의 논리

아이의 최초의 애착 충동들은 매우 일찍 나타난다. 애착 충동들이 발달할 때 유심히 관찰하면, 그 충동들이 모두 사회적 감정을 요구하는 충동이라는 점이 쉽게 확인된다. 사회적 감정은 타고나는 것임에 틀림없다. 그것이 꽤 널리 나타나기 때문이다. 사회적 감정이 발달한 정도를 근거로, 우리는 그 사람이 삶을 대하는 태도를 평가할 수 있다.

"인간 존재"라는 개념 자체가 사회적 감정에 대한 이해를 포함하고 있다. 우리는 인간이 사회적 감정을 잃은 뒤에도 인간 존재라고 불릴 수 있다고 생각하지 않는다. 마찬가지로, 인류 역사에 고립된 상태에서 살았던 인간 존재는 단 한 사람도 없었다. 인간은 모두 집단을 형성한 가운데 살았다. 인위적으로 떨어져 지내도록 하지 않았거나 광기를 보이지 않는 이상, 고립된 인간 존재는 인류 역사상 한 사람도 없었다.

찰스 다윈(Charles Darwin)은 자연과 비교해 열악한 조건에 처한 동물들은 무리를 지어 살았다는 사실을 보여주었다. 동물들의 활력은 집단을 형성함으로써만 효력을 발휘할 수 있다. 무의식적으로 자기보존의 원리를 따르고 있는 것이다. 혼자서 지낸 동물들은 사회적 감정을 발달시키지 못한 가운데 자연 선택의 희생이 되었다. 자연 선택의 원리는 당연히 사람에게도 위험하다. 자연 앞에서 사람의 육체 또한 대단히 약하기 때문이다.

인간 종(種)이 처한 열등하고 부적절한 상황은 인간 종 전체만 아니라 개인들까지도 계속 앞으로 나아가며 노력하도록 만들었다. 그러다 휴식을 취해도 좋은 조건에 이르렀고, 어떤 생존 형태가 확보된 것 같다.

우리는 아직도 이 길 위에 서 있으며, 오늘날엔 우리의 현재 상태가 과도기의 한 지점에, 인간 발달의 한 단계에 지나지 않는다는 사실을 깨닫는 것만큼 큰 위안은 없을 것이다. 이 단계를 가장 잘 넘어가는 사람은 아마 삶의 모든 문제에서 현실의 실제 조건과 조화를 이루면서 사실들을 제대로 다룰줄 아는 사람일 것이다. 그런 한편 이 사실들에 저항하는 사람들은 당연히 비참한 운명을 맞을 것이다. 더불어 사는 인간의 삶이 가장 필요로 하는 감정이 바로 이 사회적 감정이다.

아이의 전반적인 발달은 아이가 사회적 감정이 팽배한 상황에 푹 잠길 것을 요구한다. 아이의 삶과 건강은 아이의 편에 선 사람들이 곁에 있을 때에만 보장될 수 있다. 예를 들어 갓 태어난 송아지는 독이 있는 풀과 독이 없는 풀을 곧바로 구별할 수 있다. 그러나 갓 태어난 인간은 생체의 열등 때문에 어른의 사회적 감정에 의존해야 한다. 아이는 스스로를 돌볼 수 있게 될 때까지 오랫동안 보살핌을 받고 배우고 훈련을 받아야 한다.

우리 인간이 특별히 자랑스러워하는 능력들, 이를테면 인간이 다른 생명체들을 지배할 수 있도록 한 이성이나 논리, 언어, 아름답고 선한 모든 것들에 대한 이해와 선호 등을 고려할 때, 한 사람의 인간 존재로서는 절대로 그런 것을 이뤄내지 못했을 것이라는 사실이 확인된다. 그런 것들은 소위 집단적인 마음에서만 생겨날 수 있다. 그런 것들로 인해 추가적인 요구가 생겨났다. 이 요구 역시 개인에게 부담지울 수도 없고 또 개인에 의해 충족될 수도 없다. 공동체와 연결되어 있지 않은 한 사람의 인간 존재에겐 의식적이고 정교한 논리도 전혀 필요하지 않을 것이다. 혼자 지내는 인간 존재는 말을 할 필요조차 느끼지 않을 것이다. 또 그가 착한가 아니면 나쁜가 하는 문제도 전혀 중요하지 않을 것이다. 인간 공동체나 동료 인간과 아무런 관계가 없다면, 이런 개념들은 모두 의미를 잃고 말 것이다. 이렇듯, 인간의 모든 자질과 인간 마음의 모든 성취들은 인간들 사이의 연결 속에서만 평가될 수 있다.

사랑, 사회적 감정의 일부

개인들 사이의 결합은 일상의 급박한 요구 때문에도 필요하지만 우리의 성적 구성 때문에도 필요하다. 인간을 두 개의 성으로 구분한 것은 분리를 의미하는 것이 아니라 서로를 향한 영원한 충동을 의미한다. 이 구분은 상호 연결되어 있다는 감정을 창조한다. 왜냐하면 각자의 핏줄에 공통의 피가 흐르고, 각자의 육체는 서로의 육체에서 나온 것이기 때문이다.

다양한 민족들의 결혼의 법칙들에 대한 이해는 사랑을 전체 집단을 묶는 하나의 공통된 끈으로 볼 때에만 가능해진다. 같은 가문의 구성원들 사이에는 결혼과 성관계가 금지된다. 이유는 친족 간에 결혼과 성관계를 허용할 경우에 가문의 고립을 낳을 수 있기 때문이다. 시(詩)와 종교, 신성한 계율은 근친상간을 반대하는 데에서 그치지 않고 근절시키려 하고 있다. 학자들은 가족 구성원들이 자연히 서로를 싫어하는 이유를 놓고 머리를 싸맸지만, 개인 심리학은 사회적 감정을 근거로 그 같은 현상을 아주 쉽게 이해한다. 어릴 때에 각자의 내면에서 발달하여 그 사람이 고립될 가능성을 제거하는 그 사회적 감정 말이다.

지금 우리는 근본적인 의미에서 말하는 사랑, 즉 남녀 관계는 언제나 사회적 감정과 연결되어 있으며 그 감정과 분리될 수 없다는 점을 이해할 수 있다. 두 사람의 관계로서의 사랑은 사회적 감정의 일부로서 자체의 법칙을 갖고 있으며 또 인간 사회의 보존에 필요한 요소이다. 사랑 없는 공동체는 상상이 불가능하다. 공동체를 긍정하는 사람은 당연히 사랑을 긍정한다. 공동체 감정을 가진 사람은 결혼이나 보다 높은 가치를 지닌 사랑의 형식을 선호해야 한다. 한편, 사회적 감정이 질식당하거나 본성의 자유로운 발달을 누리지 못한 사람은 이상한 형태의 사랑 관계를 보일 것이다.

여기서 우리는 사랑 관계라는 넓은 영역을 한눈에 살피는 데 도움을 줄 결론을 몇 가지 끌어낼 수 있다. 사회적 발달이 훼손되었거나, 친구가 전혀 없거나, 진정한 동료 인간이 되지 못했거나, 사회적 감정과 모순되는 세계관을 가졌거나, 직장 문제를 해결하지 않은 사람, 다시 말해 자신을 어느 정도 공동체에 바치지 않은 사람은 사랑 관계에 어려움을 겪을 것이다. 그런 사람들은 성애의 문제를 풀 수 있는 위치에 서지 못할 것이다. 그들은 이상한 길을 택하고, 문제를 일으키고, 또 문제를 자신을 보호할 핑계로 이용할 것이다.

사랑 관계의 장애물들

사람들이 사랑 관계에서 일으키는 곤경을 보다 깊이 들여다보도록 하자. 그러면 전체 문제에 대한 통찰도 더욱 깊어질 것이다. 사랑 관계에는 그 사람의 인격 전체가 개입된다. 따라서 그 사람의 인격을 전체적으로 이해하면 그의 특별한 성적 목표를 짐작할 수 있을 뿐만 아니라, 그 사람의 사랑 관계를 바탕으로 그의 인격을 이해하는 것도 가능하다.

파트너에 대한 권력 추구

성적 관계에서, 사랑은 상대방을 위한 의무라는 식의 터무니없는 가정이 너무나 자주 확인되고 있다. 주변을 둘러보거나 우리 자신을 관찰해 봐도, 사랑받는 사람은 사랑을 받고 있다는 이유 하나만으로 상대방에게 의무를 진다고 믿는 실수가 너무나 자주 목격된다. 이 같은 실수는 세상사를 보는 우리의 시각 자체에 담겨 있는 것 같다.

이런 실수는 어린 시절 가족과의 관계에서 비롯된다. 정말로 가족 관계에서 한 사람의 사랑은 다른 사람의 의무나 거의 동일하다. 어른들의 내면에, 어린 시절의 잔재로 이 실수가 남아 있다. 그에 따른 잘못들은 "내가 너를 사랑하니까, 너는 이런저런 것을 해야 해."라는 생각을 중심으로 일어난다.

이런 생각 때문에 서로에게 진정으로 헌신하는 사람들의 관계에도 종종 정말 심각한 경향이 스며들 수 있다. 사랑을 근거로 상대방을 자신의 계획 속으로 끌어들이려 하는 사람의 권력 욕구는 상대방의 표현과 성취까지도 자신의 소망을 따르기를 바란다. "이유는 그가 이 사람을 사랑하기 때문이다." 이는 쉽게 독재로 변할 수 있다. 아마 모든 사랑의 관계에서 이런 흔적이 발견될 것이다.

따라서 우리는 동료의식에 장애를 일으키는 것과 똑같은 요소가 인간의 사랑 관계에도 스며들고 있는 것을 보고 있다. 그 요소란 바로 권력을 추구하고 개인적 우월을 추구하려는 노력이다.

인간 공동체 안에서 우리는 다른 사람들에게 선택의 자유를 누릴 수 있을 만큼의 개인적 자유를 보장해줘야 한다. 개인적 우월을 노리는 사람은 자신이 공동체와 연결될 길을 차단하고 있다. 그는 전체와 조화를 이루기를 원하지 않고 있으며 오히려 상대방의 복종을 원하고 있다. 그는 상대방을 종속시킴으로써 자연히 삶과 사회, 동료 인간들 사이의 조화를 깨뜨려 놓고 있다.

사람은 어느 누구도 멍에를 영원히 짊어지는 것을 태생적으로 원하지 않는다. 그렇기 때문에 사랑 관계에서도 상대방에게 권력을 행사하려는 사람들은 엄청난 어려움에 봉착하지 않을 수 없다. 만일 우월을 추구하려는 경향을 성생활에까지 끌어들인다면, 그들은 순종할 것 같은 파트너를 찾거나 아니면 상황에 따라 역시 우월을 추구하려고 나설 파트너와 투쟁을 벌이게 될 것이다. 순종하는 파트너를 택한다면, 사랑은 예속 관계로 바뀔 것이다. 두 번째 예라면 파괴적인 권력 투쟁이 영원히 이어지면서 조화를 절대로 이루지 못하게 될 것이다.

순종적인 파트너를 선택하는 방법은 여러 가지이다. 상대방을 지배하려는 일부 사람들은 자신의 야망과 권력에 대한 걱정이 너무나 크기 때문에 오직 자신보다 탁월할 가능성이 전혀 없는, 그래서 언제나 복종시킬 수 있을 것 같은 파트너만을 찾는다. 이런 성향을 가진 사람이라고 해서 반드시 야심만 있고 가치가 없는 것은 절대로 아니다. 이처럼 권력 추구에 사로잡혀 지내는 것은 우리 문화의 일반적인 한 특징으로, 인간성의 발달에 큰 피해를 안기고 있다.

이런 측면에서, 우리는 사랑할 상대를 선택하면서 자신보다 훨씬 낮거나 부적절해 보이는 사회적 환경까지 내려가는 사람들이 드물지 않은 이유를 이해할 수 있다. 예를 들어, 괴테(Johann Wolfgang von Goethe)의 연애생활을 연구한 한 보고서는 야심에 찬 괴테이지만 연애 문제에서만은 불안을 대단히 강하게 느꼈다는 점을 보여주고 있다. 인간의 최대 문제인 사랑에 관심이 많았던 괴테는 자신의 요리사와 결혼함으로써 동료들을 놀라게 만들었다. 인간의 동등한 가치를 강조하는 우리는 물론 괴테의 선택에 대해 분개하지 않는다. 그러나 우리는 그런 행동을 일반적인 규범과 일치하지 않는 것으로 여기며, 괴테의 종국적 의도를 분석함으로써 그의 관점에서 그 문제를 이해하길 원한다.

규범에 따라서, 사람들은 사회적 신분이나 교육 수준, 삶에 대한 준비라는 측면에서 서로 가장 적합하다고 판단하는 사람을 찾을 것이다. 일반적인 예상에서 벗어난 선택을 하는 구혼자들은 사랑 문제를 극도의 망설임과 편향으로 보고 있을 가능성이 크며, 섹스 파트너를 무서워하고, 따라서 권력과 힘이 별로 없을 것 같은 파트너를 찾고 있을 것이다. 물론 스스로에 대해 강하다고 느끼는 감정 때문에 규범에서 일탈할 수도 있다. 그러나 대부분의 경우를 보면 그런 일탈은 스스로 약하다는 감정을 통해서 일어난다.

그런 선택은 조심스러운 사람들 일부에겐 극히 행복한 해결책처럼 보인다. 그런 가운데서 이 사람들은 자신의 최종적 의도가 사랑과 성욕을 통해 보다 깊은 동기를 숨기는 것이라는 사실을 이해하지 못한 채 거기엔 오직 사랑의 신인 큐피드만 관여하고 있다고 믿는다. 그러나 대체로 보면 그런 관계는 허약한 것으로 확인되고 또 많은 결함을 안고 있는 것으로 드러난다. 지적으로나 사회적으로 "우월한" 파트너가 실망하게 되거나 "열등한" 파트너가 가족과 사회적 삶의 요구조건을 충족시키지 못하는 까닭에 사회적인 성격의 어려움이 생긴다는 뜻이 아니다. "우월한" 파트너의 종국적 의도가 실현되면, 이런 것들을 포함한 외적 요소들은 제거되거나 극복될 수 있다. 그러나 자신의 약점이 오랫동안 악용당하는 것을 참아내지 못하는 쪽은 이상하게도 "열등한" 파트너이다. "열등한" 파트너는 돌아가는 사태를 제대로 이해하지 못할지라도 자신의 단점이

악용당하고 있다는 감정은 결코 떨치지 못한다. "열등한" 파트너는 이 감정에서 일종의 복수의 감정을 끌어낸다. 이 파트너는 자신이 상대방보다 못하지 않다는 점을 보여주려고 애를 쓸 것이다.

이런 종류의 예는 많다. 젊고 교양 있고 또 지적으로 뛰어난 소녀가 시시하고 심지어 부도덕한 사람의 품에 안기는 예가 종종 있다. 이때 사랑하는 남자를 알코올 중독이나 도박 또는 나태로부터 구해보겠다는 생각이 간혹 작용하기도 한다. 그럼에도 그런 사람은 사랑을 통해서도 구렁텅이에서 벗어나지 못한다. 그런 사람을 구하려는 행동은 거의 전부 실패하게 되어 있다. "열등한" 파트너가 모든 상황에서 열등하다는 분류 때문에 압박감을 느끼기 때문이다. 그 사람은 자기 자신을 사랑받거나 구원받도록 내버려두지 않는다. 그 사람의 삶의 태도를 밀어붙이고 있는 힘이 꽤 많이 다르고 또 평범한 지능, 즉 "상식"으로는 이해가 되지 않기 때문이다. 그 사람은 아마 가치 있는 존재가 되려는 희망을 오래 전에 버렸을 수도 있으며, 또 자신에게 동료 인간으로서의 조건을 갖출 것을 요구하는 모든 상황에서 자신의 열등감이 드러날 것 같은 위험을 감지할 수도 있다.

많은 사람들은 오직 육체적으로 결함이 있거나 나이가 훨씬 더 많은 사랑 파트너에게만 관심을 주기도 한다. 이런 예들은 우리의 관심을 끌며 설명을 요구한다. 가끔 우리는 구체적인 상황에서 자연스런 설명을 발견한다. 그러나 그런 때조차도 이런 경향은 언제나 저항이 가장 적은 노선을 택하는 삶의 양식과 일치한다.

어떤 사람들은 결혼한 사람만을 사랑하기도 한다. 이런 이상한 사실은 다양한 의도를 드러낼 수 있다. 그 같은 사실은 곧 사랑의 요구사항에 "노"라고 대답하는 것이며, 불가능하거나 성취할 수 없는 이상을 추구한다는 것을 의미한다. 그러나 그 같은 사실은 또한 "다른 사람으로부터 무엇인가를 빼앗길 원한다는 것"을 의미할 수도 있다. 이것은 삶의 양식에서 성애 쪽으로 넘어온 한 특징이다.

유명한 사람들의 전기는 복잡한 우리 문화에서 사람들은 강탈하고 빼앗으려는 욕망을 강하게 느끼며 성장했다는 점을 보여준다. 결혼한 부인에 대한 갈망은 언제나 추가적인 행동을 낳는다. 말하자면 사랑의 대상을 빼앗는 행위가 따르는 것이다. 이 강탈이 아주 고상한 형식으로 위장하는 경우가 종종 있다. 리하르트 바그너는 틀림없이 이런 부류의 사람이었다. 그의 시 작품 거의 모두는 주인공이 이미 다른 사람의 파트너가 되어 있는 여자를 갈망한다는 의미나 암시를 담고 있다. 바그너 본인의 삶도 이런 특징을 보여주고 있다.

결혼 회피

많은 사람들은 사회를 위할 만큼 충분히 성숙하지 않았으며, 사랑과 결혼 관계에서 위험지대 같은 것을 보며, 자신들의 미성숙한 관점을 다양한 방식으로 표현한다. 이들의 미성숙한 관점은 겉으로 보면 종종 이해가 되지 않는다. 그런 사람들은 자신을 지속적으로 괴롭히는 이 문제들에 대해 일반적인 언어로 말한다. 그들의 설명은 어떤 맥락에서 보면 진실일 수도 있으며 반드시 기만인 것은 아니다.

예를 들어, 다른 일에도 소심한 편인 어떤 사람이 "요즘 살기가 너무 힘들어서" 결혼을 하지 않고 있다고 믿고 있다면, 그의 설명은 충분히 사실이다. 그러나 결혼한 사람들에게도 삶이 각박하긴 마찬가지이다. 그런 진실을 표현하는 사람은 다른 상황에서도 "노"라고 대답할 사람이다. 다른 상황이라면 그 사람은 다른 "진실"을 찾아 제시할 것이다. 훌륭한 이유가 얼마든지 있는 상황에서 불쾌한 이유를 제시하면서 숨겨진 의도를 내비쳤다가 비난의 소리를 들을 필요가 있을까. 놀랍게도, 삶의 문제에 대한 해결을 피하려 드는 사람이 의외로 많다. 결혼 문제의 회피 또한 섹스를 가장한다.

짝사랑만 거듭하는 사람들이 있다. 짝사랑은 그럴 듯한 이유로 삶을, 그리고 세상을 외면하겠다는 삶의 목표를 성취하는 하나의 수단이다. 그런 사람들에게 불행한 사랑은 그 목표를 성취할 수 있을 만큼 충분히 불행할 수 없다. 짝사랑은 삶의 문제를, 특히 사랑의 문제를 멀리할 준비가 언제든 되어 있는 사람들에게 자주 찾아온다. 그러면 삶의 문제를 회피하려는 태도는 어떤 계략에 의해 더욱 강화된다. 이 계략은 전적으로 고안되는 것이 아니라 현실 속의 일부 삶의 관계에 수반된다. 그러면 이 계략은 계략처럼 보이지 않고 어떤 경험의 명백한 결과처럼 보인다.

우리는 어떤 사람을 절대로 닿을 수 없는 존재로 "만들" 수도 있다. 구혼자는 종종 처음부터 상대방에게 좋게 받아들여지지 않을 것 같다는 인상을 받으면서도 그것을 보다 큰 행위를 위한 기회로 삼는다. 구혼자는 자신은 사랑하는 사람을 두지 않은 상태에서는 세상을 살 수 없는 사람이라고 믿으면서 그 여자를 상대로 구애 활동을 편다. 객관적인 관찰자의 눈으로 보면 그의 사랑이 절대로 그녀에게 받아들여질 것 같지 않은데도 말이다. 그 구혼자도 속으로는 그 여자가 자신의 구애에 넘어오지 않을 것이라고 생각한다. 그런 구애가 저항을 불러일으킬 만한 방식으로 전개되는 경우도 종종 있다. 예를 들면, 구애 행위가 과격할 수도 있고 두 사람이 함께 사는 것이 용납되지 않는 시기에 이뤄질 수도 있다. 그런 식의 구애는 목표 자체가 짝사랑이라고 할 수 있다. 놀랄 만큼 많은 사람들이 이 목표를 향해 나아가고 있다.

또 어떤 사람들은 자신들이 생각하는 여자나 남자가 세상에 존재하는지조차도 알지 못하는 상태에서 어떤 이상을 정해 놓고 거기에 빠져 지낸다. 이것은 사랑이나 결혼과는 어떠한 연결도 맺지 않겠다는 그들의 최종적 의도를 분명히 표현하고 있다. 그들이 이상형을 발견하는 일은 결코 일어나지 않을 것이니까.

외부에서 보면, 그런 행동은 인간 본성과 부합하지 않는다는 점을 기억해야 한다. 그러나 그런 사람은 철저한 "도피주의자"이며,

짝사랑은 그 사람에게 아주 멋진 도피처를 제공한다. 그 사람이 5년이나 10년 동안 짝사랑에 빠진다고 가정해보자. 그러면 그는 이 기간 동안에 결혼 문제를 해결할 다른 방법에 대해서는 신경을 쓰지 않아도 된다. 물론 그도 고통을 겪고, 자신의 의도를 실현시키기 위해 대가를 지불한다. 그러나 그의 무의식에 자리 잡고 있고 또 본인도 이해하지 못하는 그의 목표, 즉 사랑과 결혼 문제의 해결을 멀리한다는 목표는 그럴 듯한 방법으로 성취되었다. 그런 목표와 해결책은 이 지구의 상황과도 양립할 수 없고 더불어 살아야 하는 인간의 삶의 논리와도 양립할 수 없다. 그런 식의 해결은 해결책이기보다는 아주 슬픈 비극이다. 이런 깊은 통찰을 통해서만 이 문제에 대한 올바른 개입이 가능해진다.

높은 이상(理想)도 도피주의자가 자주 동원하는 장치이다. 도피주의자에게 새로운 아이디어를, 특별한 이상을 만들어내라고 해보라. 그런 다음에 그가 삶에서 만나는 모든 사람들을 그 잣대로 평가하도록 해보라. 그에게 적절한 파트너는 이 세상에 없다는 결론이 나올 것이다. 그가 만나는 사람들 모두가 이 이상에서 벗어날 것이기 때문이다. 그가 모든 사람을 거부하면서 한 사람씩 지워나갈 때, 그의 행위는 합리적이고 꽤 근거가 있어 보인다. 그러나 그런 도피주의자를 분석하고 들어가면, 그 사람은 이상이 없어도 처음부터 "노"라고 대답할 뜻이었음이 드러날 것이다. 이 이상엔 솔직함이나 정직, 용기 같은 바람직한 목표들이 포함된다. 그러나 이상에 포함되는 이 개념들은 어떤 인간도 충족시키지 못할 만큼 마음대로 넓혀질 수 있다.

이상이라는 이 장치는 꽤 구체적일 수 있다. 어떤 사람은 잠시 만난 어느 자리에서 강한 인상을 주었다가 사라진 뒤로는 더 이상 나타나지 않는 사람을 사랑할 수도 있다. 그런 경우엔 그 사람을 찾으려면 세상을 다 뒤져야 할 것이다. 그러면 우리는 그런 맹목적이고 충직한 사랑에 감동을 받기 쉽다. 그러나 그런 사랑을 이 세상에서 실현시키는 데 필요한 조건은 인간의 능력 밖이며, 그래서 그런 사랑은 의심을 불러일으킨다.

두려움과 자제력 부족

일반적으로, 불안감이 성욕의 많은 형식들을 결정한다. 나이 많은 여자와 함께 사는 것이 덜 힘들 것 같다는 다소 잘못된 판단에서 오직 나이 많은 여자만을 좋아하는 젊은이들도 있다. 이런 젊은이들은 어머니 같은 보살핌에 대한 욕구를 통해서 스스로 약하다는 감정을 드러내고 있다. 이런 젊은이들은 대체로 응석받이로 큰 사람이며, 그래서 누군가에게 기대는 것을 아주 좋아하고 "여전히 유모 같은 존재"를 필요로 한다. 그들은 이성에 맞서 자신을 안전하게 지킬 수단을 충분히 갖출 수 없으며, 이성을 마주하고 있으면 극도로 불안해진다.

우리 문화에는 발달 단계에 뚜렷한 오점을 남긴, 다시 말해 사랑과 결혼에 대한 두려움을 안고 사는 사람들이 위험할 만큼 많다. 그것이 이 시대의 전반적인 특징이다. 우리 사회는 도피주의자들로 가득하다. 그들은 다소 불행하고 그릇된 태도를 통해서 언제나 달아나고 있거나 쫓기거나 박해 받고 있는 것처럼 사는 모습을 보이고 있다. 어떤 남자들은 스스로 고립을 추구하며 숨는다. 어떤 소녀들은 모든 남자들이 자신에게 구애를 하고 있고 또 잘못하다간 그런 남자들에게 공격의 표적이 될 수 있다고 믿으면서 감히 거리로 나서려 하지 않는다. 이것은 순전히 허영일 뿐이며, 자칫 한 인간의 삶을 완전히 망쳐놓을 수도 있다.

경험과 지식은 좋은 쪽으로 쓰일 수도 있고 나쁜 쪽으로 쓰일 수도 있다. 잘못을 과도하게 거꾸로 돌려놓는 것도 경험의 그릇된 쓰임새에 포함된다. 잘못을 거꾸로 돌려놓은 것도 마찬가지로 잘못이다. 무엇인가를 억누르며 말을 하지 않는 태도의 반대는 솔직성이며, 그래서 솔직함으로 인해 잘못을 저지르는 사람도 있기 마련이다. 그런 사람들은 언제나 자기 자신을 다른 사람들에게 드러낸다. 사랑을 공개적으로 고백하는 것은 매우 멋진 일임에도, 우리는 복잡한 우리 문화 안에서 자신을 고스란히 드러내는 것은 중대한 실수라고 믿는다. 이유는 그런 식으로 자신의 모든 것을 드러내는 고백을 감당할 수 있는 사람이 없기 때문이고, 또 그런 식으로 성급하게 사랑을 고백한 사람은 후회의 고통과 거기에 따른 억제의 부담을 안아야 할 뿐만 아니라 본인의 사랑 충동 때문에 애꿎은 사람을 불안하게 만들 것이기 때문이다. 사회 전반에 팽배한 사랑의 남용과 남녀 사이의 긴장과 투쟁 때문에, 상대방은 그 고백이 순수하고 진정한지, 또는 고백 뒤에 사악한 의도가 숨어 있는 것은 아닌지에 대해 절대로 확신하지 못할 것이다. 불변의 법칙 같은 것은 절대로 없다. 우리는 파트너의 특성들을 고려해야 하고, 우리 문화의 조건을 따라야 한다. 오늘날엔 자신의 의향을 다소 비밀로 하는 것이 바람직한 것 같다.

예술가의 특별한 상황

사랑은 예술가들의 삶에 특별한 역할을 한다. 행복한 사랑만 그런 것이 아니다. 예술가들의 삶엔 오히려 불행한 사랑이 행복한 사랑보다 더 중요하다. 오늘날 짝사랑은 너무나 흔하기 때문에 거의 모든 사람이 어느 땐가는 짝사랑과 그 고통의 희생자가 된다.

특별한 감수성으로 삶을 직시하는 사람들 사이에선 예술가가 탁월한 역할을 맡고 있다. 예술가는 예술을 통해서 "삶과 동떨어진" 어떤 삶을 추구한다는 사실만으로도 두드러진다. 그러나 예술가는 현실의 세계를 앞으로 나아가도록 하는 방향으로 창작 활동을 할 때에만 예술가가 될 수 있다. 창작도 일반적인 가치를 지닐 때에만 예술 작품이 될 수 있다. 예술가가 창작품에서 현실과 공동체로 돌아갈 길을 발견할 수 있어야 한다는 뜻이다.

현실의 삶으로부터 벗어나면서, 사람은 삶의 현실을 강조하는 사랑과 결혼이라는 제도를 적대적이고 불쾌한 것으로 경험하는 경향을 보인다. 많은 예술가들은 삶의 끈들을 그야말로 글자 그대로 끈이나 족쇄, 장애로 여긴다. 그들은 심지어 경계가 없는 공상 속에서도 그런 끈을 떠올린다. 그 끈들을 무한한 장애물로 느끼는 순간, 예술가들은 그 장애물을 좀처럼 극복하지 못한다. 그들은 사랑의 관계를 맺고 있는 자신이 해결 불가능한 어떤 과제 앞에 서 있다는 식으로 판단하면서, 사랑의 관계 안에서 연인의 몸짓뿐만 아니라 사랑으로부터 달아나려는 사람의 몸짓까지 아주 강하게 보여준다. 이런 이중적인 태도는 인간의 문제들을 치열한 형식으로 반영하는 그들의 사상과 창작품으로 표현되고 있다. 이성의 파트너는 다소 위압적인 존재로 느껴지고, 그러면 곧 사랑의 영역은 위험한 성격을 띠게 된다.

이 같은 생각은 시인들과 작가들의 편지에서 거의 예외 없이 확인되고 있다. 의문스런 모든 사람들은 이런 경향을 갖고 있는데, 이유는 그들이 대단히 야심적이고, 예민하고, 자신의 권력 손상을 심각한 모욕이나 위험으로 받아들이기 때문이다.

오늘날 예술은 틀림없이 남성적인 예술이다. 예술은 남성적인 전통을 간직하고 있고, 남성적인 문제들을 표현하고 있으며, 여자를 주술을 부리거나 끔찍한 존재로 그리고 있다. 많은 남자들의 눈에 여자는 그런 존재로 비친다. 여자들은 이런 남성적인 시대의 이상과 보조를 맞추지 못한다. 여자들은 예술의 관행이 어렵다는 사실을 깨닫는다. 여자들이 예술의 관행을 따를 능력을 갖추지 못했기 때문이 아니라 과장된 남성들의 이상을 떠받들 수 없는 노릇이기 때문이다.

여자를 위험으로 보면서, 시인 보들레르(Charles Pierre Baudelaire)는 이렇게 말한다. "아름다운 여자에 대해 생각할 때면 언제나 곧 위험이 닥칠 것 같다는 두려움을 떨칠 수 없었다."

"위험 지대"로 짐작되는 영역으로 들어서는 사람은 방어적이고 자기 보호적인 몸짓을 보이게 마련이다. 시인 프리드리히 헤벨(Friedrich Hebbel)은 젊은 시절에 친구에게 보낸 편지에서 자신의 감정을 다음과 같이 묘사했다. "물론 나는 여기서도 다시 도시에서 가장 아름다운 소녀의 집 맞은편에서 살고 있으며 그녀와 사랑에 빠졌다. 그러나 나는 여기서도 마찬가지로 그 독을 따라 해독제가 곧 발견될 것이라고 기대하고 있다. … 만일 오늘이라도 그녀의 연인이 그녀의 창문으로 올라가는 것이 보인다면, 그녀와 당장 절교할 것이다." 이 인용문의 첫 문장을 읽으면서, 우리는 아마 이와 다른 결말을 기대했을 것이다.

여자를 위험으로 보는 인식은 예술에서 안내 이상(理想)의 역할을 하고 있다. 예를 들어, 펠리시앙 롭스(Félicien Rops)의 그림들은 여자를 위험과 공포 혹은 거대한 힘으로 묘사하고 있다. 『천일야

화』(A Thousand and One Night)의 서문에서, 특별히 겁이 많은 저자는 믿기 어려울 정도의 창의성을 발휘해 남자로부터 목숨을 구한 여인의 교활함을 지적하고 있다.

또한 가장 오래된 형식의 예술인 '성경'은 여자는 위험을 상징한다는 사고를 거듭 드러내고 있으며, 성경의 특별한 분위기는 아주 어릴 때부터 모든 사람들에게 영향을 미치고 있다. 그래서 아이들은 성장하면서 여자 앞에서 수줍음과 불안과 소심함을 보일 것이다. 호메로스의 '일리아드'는 여자가 야기한 불행을 아주 생생하게 묘사하고 있다. 모든 시와 모든 예술 작품에서 시대의 문제, 즉 여자는 위험한 존재라는 인식이 확인된다. 극작가 프란츠 그릴파르처(Franz Grillparzer)는 자신에 대해 이렇게 말한다. "나는 사랑으로부터 예술 쪽으로 나를 구원했다."

짝사랑이 어떤 사람의 내면에서 어떤 식으로 작용할 것인가 하는 문제는 그 사람이 삶을 대하는 태도, 즉 삶의 노선에 좌우된다. 만일 곤경 앞에서 용기를 잃고 곧잘 행동을 중단하는 사람이라면, 사랑에서 비틀거리는 것은 곧 삶에서 비틀거리는 것을 의미할 것이다. 그러나 이것은 짝사랑 자체의 결과는 아니다. 곤경에 오히려 자극을 강하게 받는 그런 삶의 계획을 따르고 있는 사람이라면 짝사랑을 겪은 뒤에 자신을 다시 추스르며 위대한 성취를 일궈낼 수 있을 것이다.

용기 있는 사람은 절망한 사람과 다른 결론을 끌어낼 것이다. 대중 심리학은 짝사랑 뒤에 이뤄진 위대한 성취를 자주 제시하면서 간혹 짝사랑을 약처럼 권하기도 한다. 그러나 우리는 짝사랑을 하지 않고도 위대한 업적을 이룬 사람들에 대해서도 잘 알고 있다. 진실의 핵심은 예술가들은 사랑의 문제에 특별히 잘 사로잡힌다는 것이다.

이 측면에서 괴테의 삶은 특별히 의미 있는 이야기를 들려준다. 그는 여자에게서 언제나 위험을 보았으며 여자 앞이나 사랑으로부터 달아나려고 애를 썼다. 파우스트의 삶의 노선은 영원히 사랑 문제의 해답을 찾고 있다. 괴테는 삶의 사실들에 불만을 품은 가운데 자신의 불안과 충동, 분투를 갖고 자신의 세계를 구축하면서 인간의 관심사들을 우리 눈앞에 펼쳐보였다. 괴테가 남녀 사이의 긴장을 완전히 새로운 노래로 담아낼 때 우리의 내면에 있는 모든 현(鉉)도 공명한다는 점이 그의 예술의 위대성을 보여주고 있다. 이런 긴장에 휩싸인 가운데, 남자들은 헌신이 인격의 상실이나 예속, 포로와 동의어가 아닐까 하고 두려워한다.

여기서, 아주 멋진 에세이를 통해서 사랑이란 그렇게 단순한 것이 아니라는 점을 증명하려고 노력한 프리드리히 슐라이어마허(Friedrich Schleiermacher)에 대해서도 언급해야 한다. 슐라이어마허는 사람이 성인이 될 때 사랑에 대해 무엇인가를 이미 알고 있다고 믿는 것은 바보 같은 짓이라고 주장한다. 실제로 보면, 모든 사람이 어떤 준비 과정을, 일종의 예비 학교 같은 곳을 거쳐야 하는 것으로 확인된다. 신앙심 깊은 사람들로부터 큰 존경을 받았던 이 이상주의자는 또 사랑의 관계에서 사람들이 서로를 제대로 알지 못한다고 확신했다.

곤경을 직시하다

'인간 본성의 이해'라는 나의 강의를 500명가량이 정기적으로 듣고 있다. 여기서 나에게 던져지는 질문들은 대부분 사랑에 관한 것이다. 이는 사람들이 직업 문제보다 사랑 문제를 더 어려워한다는 점을 보여준다.

행복한 사랑의 관계가 드문 이유는 무엇일까? 우리가 아직 진정한 인간 존재들이 아니고, 사랑을 할 만큼 성숙하지 않았으며, 서로 동료 인간이 되기에는 아직 부족하기 때문이다. 지금 우리는 사랑의 관계가 너무나 무섭기 때문에 온갖 수단을 다 동원해 그런 관계와 맞서 싸우고 있는 형국이다.

남녀 공학에 대한 반대에 대해 생각해 보라. 남녀 공학이라면 남자와 여자가 일찍부터 이성 앞에서 수줍음과 두려움을 버리고 서로를 더 잘 알 기회를 갖도록 하기 위한 제도가 아닌가?

사랑의 문제에서 일어나는 어려움들을 해결하는 방법에는 정해진 규칙 같은 것은 절대로 없다. 어떤 사람의 성애의 특이성은 그 사람의 전체 인격을 활짝 피울 수 있는 온상 같은 것이며, 따라서 성애는 각자 개인별로 별도로 이해되어야 한다. 어떤 사람의 잘못된 성애를 변화시키기 위해선 그 사람의 모든 표현들을 일관성 속에서 파악한 다음에 그의 인격은 물론이고 그의 인격과 주변 세계의 관계까지 바꿔나가야 한다.

사랑에도 당연히 드러나게 될 행동 노선이 그 사람으로 하여금 짝사랑을 추구하고 고집하도록 강요할 수 있다. 아니면 행동 노선이 그 사람으로 하여금 짝사랑을 보다 가볍게 받아들이도록 만들 수도 있다.

만일 개인적 야망에 흠뻑 젖은 사람이 어떤 거부도 참아내지 못한다면, 그것은 곧 자살을 암시할 수 있다. 이것은 전체 맥락에서만 설명이 가능한 실수이다. 복종을 요구하는 우리 사회에서, 이 실수는 삶으로부터의 탈출과 결합하면서 사회와 개인들에게 복수할 기회를 제공할 것이다.

모든 것을 두루 포용하는 사회적 감정의 배양과 발달을 통해 사랑이 배양되고 사랑 관계가 아름다워지고 고상하게 다듬어진다. 사랑 관계는 갑자기 형성되는 것이 아니며 오랜 기간의 준비를 요구한다. 성애의 끈은 인간 존재들 사이에 언제나 존재하지만, 성애의 끈이 사랑으로 느껴지고 눈에 드러나기 위해서는 어떤 조건이 충족되어야 한다.

사랑 충동의 시작은 그 충동이 아직 성애의 성격을 띠지도 않고 성적인 색깔을 띠지도 않은, 아득히 먼 어린 시절까지, 말하자면 사회적 감정이라는 넓은 강물이 아직 애착의 형식을 취하고 있던 때까지 거슬러 올라간다. 그땐 어머니와 아이의 사이처럼 인간 존재들을 즉시적으로 연결하는 그런 일반적인 인간관계가 두드러진다. 개인들 사이의 지속적인 끈이야말로 인류의 영속성과 보존에 이바지하는데, 이런 끈을 우리는 사랑이라고 부른다. 앞에 말한 단계에서는 아직 사랑은 형성되지 않았다. 사랑은 하나의 끈이며 동시에 영속(永續)이다. 사람은 이 관계들을 자기 마음대로 다듬지 못하며, 그러기에 이 관계들이 저절로 발달할 수 있도록 허용해야 한다.

이 문제들에 대한 지식은 아직 충분히 깊어지지 않았다. 왜냐하면 인간이 자신의 영혼의 작용에 대해 스스로를 속일 수 있기 때문이다. 남자와 여자는 '특권 정치'의 소용돌이에 쉽게 갇힌다. 그러면 남자와 여자는 자신이 결코 감당하지 못할 역할을 맡지 않을 수 없게 되고, 이 역할은 남자와 여자의 삶의 무해함과 자발성을 해치며 남녀의 삶을 편견으로 가득 채울 것이다. 그러면 이 편견 때문에 진정한 즐거움과 행복의 흔적은 당연히 사라지고 말 것이다.

이런 여러 사상들을 흡수한 사람도 실수들로부터 완전히 자유로운 길을 걸을 수는 없을 것이지만, 그럼에도 불구하고 적어도 올바른 길을 아는 가운데 자신의 잘못을 증가시키지 않고 꾸준히 줄여나갈 수는 있을 것이다.

결혼이라는 과제

독일의 어느 지방에 약혼한 커플을 대상으로 둘이 함께 사는 결혼 생활에 적절한지를 테스트하는 풍습이 내려오고 있다. 결혼식이 있기 전에, 사람들이 신부와 신랑을 나무줄기가 베어져 있는 빈 터로 데려간다. 거기서 신부와 신랑에게 양쪽에 손잡이가 달린 톱이 주어지며, 두 사람은 그걸 갖고 나무줄기를 자른다. 이것은 두 사람이 서로 협동할 준비가 어느 정도 되어 있는지를 확인하는 테스트이다. 둘 사이에 신뢰가 전혀 없다면, 두 사람은 서로 당기려다 아무것도 이뤄내지 못할 것이다. 만일 둘 중 어느 한 사람이 주도권을 잡기를 원하면서 모든 걸 혼자 처리한다면, 이때는 상대방이 포기한다 하더라도 그 과제를 완수하는 데에 배 많은 시간이 걸릴 것이다. 두 사람이 다 주도권을 잡되, 두 사람의 주도권이 하나로 결합되어야 한다. 이 독일 지방의 사람들은 협동이 결혼의 최우선 조건이라는 사실을 잘 알고 있었다.

전반적인 행복을 위한 협동

누군가 나에게 사랑과 결혼의 의미에 대해 묻는다면, 나는 불완전해도 다음과 같은 정의를 제시할 수밖에 없다.

"사랑과 그것의 성취인 결혼은 이성의 파트너에게 가장 친밀하게 헌신하는 것이며, 사랑은 육체적 끌림과 동료애, 아이를 가지려는 결정 등으로 표현된다. 사랑과 결혼은 협동의 한 면이다. 그런데 그 협동은 두 사람의 행복만 아니라 인류의 행복까지 추구하는 그런 협동이다."

이 관점, 즉 사랑과 결혼은 인류의 행복을 위한 협동이라는 관점은 사랑과 결혼 문제의 모든 측면을 두루 밝혀준다. 인간의 모든 노력 중에서 가장 중요한 육체적 끌림조차도 인류를 위해 대단히 필요한 발달이었다. 내가 자주 설명하는 바와 같이, 불완전한 신체기관으로 인해 고통을 겪고 있는 인간은 이 거친 지구의 표면 위에서 살아갈 준비를 그다지 잘 갖추지 못했다. 인간의 생명을 보존하는 최고의 길은 인간을 번식시키는 것이다. 따라서 인간의 다산과 육체적 매력을 위해 지속적으로 노력하는 것이 최선의 길이라 할 수 있다.

이 시대에 우리는 사랑의 모든 문제들에서 어려움과 불화가 일어나고 있는 것을 확인하고 있다. 결혼한 커플들은 결혼 생활에 따른 어려움을 직면하고 있고, 부모들은 그런 커플들에게 신경을 쓰고 있다. 한마디로 말해, 사회 전체가 사랑의 문제에 얽혀 있다고 할 수 있다. 따라서 올바른 결론을 내리길 원한다면, 우리의 접근 방식이 편견을 버리고 아주 객관적이어야 한다. 지금까지 배운 것들을 망각해야 하고, 또 다른 고려사항이 자유로운 논의를 방해하지 않는 가운데 문제들을 최대한 깊이 조사해야 하는 것이다.

그렇다고 사랑과 결혼의 문제를 마치 완전히 고립된 문제인 것처럼 판단할 수 있다는 뜻은 아니다. 인간 존재는 절대로 그런 식으로 완전히 자유로울 수 없다. 인간은 자신의 생각만을 바탕으로 문제에 접근하지 못한다. 모든 인간 존재는 서로 끈으로 연결되어 있으며, 인간 존재의 발달은 명확한 어떤 틀 안에서 이뤄지고, 인간 존재는 이 틀에 맞춰 결정을 내려야 한다. 이런 중요한 끈들은 다음과 같은 사실들 때문에 생긴다. 우리가 우주 안에서도 지구라는 구체적인 장소 안에서 살고 있고, 우리가 환경이 제시하는 한계나 가능성 안에서 발달해야 하고, 우리가 스스로를 적응해 나가야 할 똑같은 인간들 사이에서 살고 있고, 우리가 남자와 여자로 함께 어울려 살고 있고, 우리 인간의 미래는 남자와 여자의 관계에 크게 좌우된다는 사실 때문에 그런 끈들이 생기는 것이다.

만일 어떤 개인이 동료들과 인간의 행복에 관심을 갖고 있다면, 그 사람이 하는 모든 행동은 동료들의 이익을 추구하게 될 것이다. 그는 다른 사람들의 행복을 고려하는 가운데 사랑과 결혼의 문제를 해결하려고 노력할 것이다. 그렇다고 그가 자신이 사랑과 결혼의 문제를 그런 식으로 해결하려고 노력한다는 사실을 알아야 할 필요는 없다. 만일 당신이 그 사람에게 묻는다면, 그는 아마 자신의 목표에 대해 과학적인 설명을 제시하지 못할 것이다. 그럼에도 그는 인간의 행복과 향상을 자발적으로 추구할 것이며. 이런 관심은 그의 모든 행동에서 확인될 것이다.

인류의 행복에 그다지 관심을 기울이지 않는 사람들도 있다. 그런 사람들은 삶을 추구하면서 "동료 인간들에게 기여할 수 있는 것은 무엇인가?"라는 질문이나 "어떻게 해야 전체의 일부로 충실하게 살 수 있을까?"라는 질문을 던지지 않는다. 대신에 그들은 "삶을 어떻게 이용해야 하는가?" "삶에서 끌어낼 수 있는 것은 무엇인가?" "삶이 내놓을 수 있는 것은 무엇인가?" "다른 사람들이 나를 충분히 고려하고 있는가?" "나는 제대로 대접을 받고 있는가?" 같은 질문을 던질 것이다. 만일 어떤 사람의 인생관 뒤에 이런 태도가 버티고 있다면, 그 사람은 사랑과 결혼의 문제도 똑같은 태도로 해결하려 할 것이다. 그는 언제나 이런 질문을 던질 것이다. "내가 사랑과 결혼에서 얻을 수 있는 것은 무엇일까?"

일부 심리학자들이 믿는 것처럼, 사랑은 순수하게 자연적인 과제가 아니다. 섹스는 하나의 충동이거나 본능이다. 그러나 사랑과 결혼의 문제는 단순히 이 충동을 어떤 식으로 충족시킬 것인가 하는 문제가 아니다. 눈길을 주는 곳마다, 인간의 충동과 본능은 개발되고 배양되고 세련되게 가꿔지는 것이라는 사실이 확인된다. 우리는 우리의 욕망과 성향 일부를 억눌렀다. 우리는 동료 존재들을 위해서 서로를 방해하지 않는 방법을 배웠다. 우리는 옷을 말쑥하게 차려입고 몸을 청결하게 유지하는 법을 배웠다. 심지어 배고픔까지도 단순히 욕구를 충족시키는 것으로 만족하지 못한다. 음식을 먹을 때, 맛도 고려하고 예절도 고려한다. 우리의 충동은 모두 공동의 문화에 적응되었다. 우리의 충동까지도 인류의 행복과 공동의 삶을 위한 노력을 반영하고 있는 것이다.

만일 이 같은 이해를 사랑과 결혼 문제에 적용한다면, 우리는 여기서도 다시 전체의 이익, 즉 인류의 이익에 대한 관심이 개입하고 있다는 사실을 확인할 것이다. 인류의 이익에 대한 관심이 가장 중요하다. 그렇기 때문에 삶의 전체적인 맥락 속에서 인류 전체의 행복을 고려할 수 있을 때에만 사랑과 결혼 문제의 해결이 가능해진다는 인식이 자리 잡기 전까지, 사랑과 결혼의 양상 그 어떤 것에 관한 논의도 전혀 아무런 의미를 지니지 못하며 어떤 변화나 새로운 규제 혹은 새로운 제도도 의미를 지니지 못하긴 마찬가지이다. 우리는 아마 향상을 이룰 것이고, 이 문제에 보다 완전한 대답들을 발견할 것이다. 그렇게 된다면, 아마 그 대답들은 연대가 필요한 이 지구 위에서 우리가 남자와 여자로 살아가고 있다는 사실을 보다 충실히 고려했기 때문일 것이다.

동등한 두 파트너를 위한 과제

이런 방식으로 사랑과 결혼의 문제에 접근할 때, 사랑의 문제에서 가장 먼저 발견되는 것은 그것이 두 사람의 과제라는 점이다. 많은 사람들에게 처음 겪는 과제일 가능성이 크다. 우리는 혼자서 일을 하는 데 필요한 교육은 어느 정도 받았다. 또 팀이나 그룹으로 일하는 교육도 어느 정도 받았다. 그럼에도 두 명씩 짝을 이뤄 일한 경험은 거의 없다. 따라서 이런 새로운 조건이 어려움을 제기한다.

그러나 두 사람이 동료 인간들에게 관심을 갖는 사람이라면 그 어려움을 푸는 것이 한결 쉬워진다. 동료 인간들에게 관심이 있는 사람은 이성과 함께 살아야 하는 때에 서로에게 관심을 갖는 방법을 보다 쉽게 배울 수 있기 때문이다.

두 사람의 협동이라는 문제를 완벽하게 해결하기 위해선, 각 파트너는 자신보다 상대방에게 관심을 더 많이 보일 수 있어야 한다. 이것이 사랑과 결혼이 성공적으로 영위될 수 있는 유일한 바탕이다. 여기서 우리는 이미 결혼에 관한 많은 의견들과 결혼을 개혁하기 위해 제시된 많은 제안들이 엉터리라는 사실을 확인할 수 있다.

만일 각 파트너가 자기 자신보다 상대방에게 더 많은 관심을 둔다면, 당연히 두 사람 사이엔 평등이 구현되고 있을 것이다. 만일 그처럼 친밀한 헌신이 이뤄지고 있다면, 어느 쪽 파트너도 자신이 종속되거나 가려지고 있다는 느낌을 받지 않을 것이다. 양쪽 파트너가 똑같이 이 같은 태도를 취할 때에만 평등이 가능해진다. 상대방의 삶을 용이하게 만들고 풍요롭게 만드는 것이 각자의 노력의 목표가 되어야 한다. 이런 식이라면, 각 파트너는 안전하다. 각자는 자신이 가치 있는 존재라는 느낌을 받고 또 필요한 존재라는 느낌을 받는다.

여기서 우리는 결혼이 근본적으로 보장하는 것을, 결혼 관계에서 누려야 할 행복의 근본적인 의미를 발견한다. 그것은 바로 당신이 가치 있는 존재라는 느낌이고, 당신이 다른 누구로도 대체 불가능한 존재라는 느낌이고, 당신의 파트너가 당신을 필요로 한다는 느낌이고, 당신이 처신을 제대로 잘 하고 있다는 느낌이고, 당신이 한 사람의 동료 인간이자 진정한 친구라는 느낌이다.

협동적인 과제를 맡은 한 파트너가 종속의 지위를 받아들이는 것은 가능하지 않다. 어느 한 쪽이 지배하기를 원하고 상대방에게 복종을 강요한다면, 두 사람은 보람 있는 방향으로 함께 살지 못한다. 현재 우리의 조건에서 많은 남자들과 여자들은, 지배하고 명령하며 주도적인 역할을 맡고 주인 행세를 하는 쪽이 남자라고 믿고 있다. 이것이 우리 주변에 불행한 결혼이 그렇게 많은 이유이다. 분노나 증오를 느끼지 않고 열등한 지위를 견뎌낼 수 있는 사람은 이 세상에 한 사람도 없다.

동료는 동등해야 한다. 사람들은 서로 동등할 때 언제나 자신들의 곤경을 해결할 길을 찾아낼 것이다. 예를 들어 그들은 아이를 갖는 문제에서 의견의 일치를 이룰 것이다. 그들은 불임 결정은 인류의 미래에 대한 자신들의 약속과도 연결되는 문제라는 사실을 알고 있다. 그들은 아이의 교육 문제에도 동의할 것이며, 그들은 문제가 생길 때마다 해결책을 찾도록 서로를 고무할 것이다. 왜냐하면 불행한 결혼 관계 속에서 자라는 아이들은 피해를 입고 제대로 발달을 이루지 못할 것이기 때문이다.

현재 우리의 문명에서 사람들은 대체로 협동에 제대로 준비하지 못하고 있다. 우리의 훈련은 개인의 성공 쪽으로 지나치게 치우치고 있다. 말하자면 우리가 삶에 기여할 수 있는 것보다 삶에서 얻을 수 있는 것을 훨씬 더 중요하게 여겨 왔다는 뜻이다. 두 사람이 결혼 생활이 요구하는 바와 같이 친밀하게 함께 살아야 하는 때, 협동하고 상대방에게 관심을 주는 능력을 갖추지 못한 것이 엄청난 결과를 낳게 되는 이치가 쉽게 이해될 것이다. 태어나서 처음으로 이런 밀접한 관계를 경험하는 사람들이 대부분이다. 그런 사람들은 자신이 아닌 다른 인간 존재의 관심과 목표, 욕망, 희망, 야망을 고려하는 데 익숙하지 않다. 그들은 공통의 과제를 풀 준비가 되어 있지 않다. 그러기에 주변에서 많은 실수가 보이더라도 놀랄 이유가 전혀 없다. 그러나 우리는 사실들을 조사하고 미래에 실수를 피하는 방법을 배울 수 있다.

교육과 훈련

성인이 되어 맞는 위기 앞에서 사람들은 누구나 그 전에 훈련한 대로 반응한다. 사람은 언제나 자신의 삶의 양식에 따라 대처하게 되어 있다. 결혼을 위한 준비는 하루아침에 이뤄지는 것이 아니다. 아이의 특징적인 행동과 태도, 생각, 행위에서 우리는 그 아이가 성인이 되어 맞게 될 상황에 어떤 식으로 스스로를 훈련시키는지를 볼 수 있다. 아이가 사랑에 접근하는 방식은 이미 5세나 6세에 대부분 확립된다.

초기의 성교육

아이는 발달 초기에 이미 사랑과 결혼에 대한 견해를 형성하기 시작한다는 것이 확인된다. 그렇다고 아이가 어른이 이해하는 것과 똑같은 성적 흥분을 보일 것이라고 상상해서는 안 된다. 아이는 자신이 속하고 있다고 느끼는 사회적 삶의 한 양상에 대해 결론을 내리고 있다. 사랑과 결혼은 아이의 환경을 이루는 요소들이다. 그래서 사랑과 결혼이 아이의 미래 구상 속으로 들어오는 것이다. 아이는 사랑과 결혼에 대해 어느 정도 이해해야 하고, 이 문제들에 대해 어떤 입장을 취한다.

아이들이 일찍부터 이성에 대한 관심을 드러내며 자신이 좋아하는 파트너를 스스로 선택할 때, 그것을 우리가 잘못이나 골칫거리, 혹은 조숙한 성적 반응으로 해석하면 곤란하다. 또 그 일을 두고 아이를 비웃거나 조롱하면 더더욱 안 된다. 우리는 그것을 사랑과 결혼을 위한 준비로 받아들여야 한다. 그 일을 사소한 일로 치부할 것이 아니라, 사랑은 아이가 반드시 준비해야 하는 신비한 과제이며 인류 전체를 위하는 과제라는 점을 아이에게 가르쳐줘야 한다. 그런 식으로 우리는 아이의 마음에 어떤 이상을 심을 수 있으며, 그런 환경에서 자란 아이들은 훗날 매우 준비가 잘 된 동료와 친구로 서로 만나 친밀한 관계를 유지하면서 서로에게 헌신할 수 있을 것이다. 아이들이 놀다가 자발적으로 남자 아이 하나에 여자 아이 하나씩 짝을 이루는 것을 지켜보고 있으면 많은 것을 깨닫게 된다. 부모의 결혼 생활이 언제나 조화를 이루거나 행복하지만은 않은 때에도 아이들은 그런 식으로 논다.

나는 부모들에게 섹스의 육체적 관계를 아주 일찍 가르쳐 주라거나 아이가 배우기를 원하는 그 이상으로 설명해 주라는 식으로는 절대로 권하지 않는다. 아이가 결혼 문제들을 보는 태도가 대단히 중요하다는 사실은 누구나 쉽게 이해할 수 있다. 아이에게 잘못된 방식으로 가르치면, 아이는 결혼 문제들을 위험으로 보거나 자신의 능력 밖에 있는 무엇인가로 볼 수 있다. 나 자신의 경험에 비춰 볼 때, 어린 나이에, 말하자면 4세나 5세, 6세에 어른들의 관계에 관한 사실들을 알게 된 아이들과 조숙한 경험을 한 아이들은 훗날 사랑에 대해 더 겁을 먹는 것 같다.

육체적 끌림도 아이들에겐 위험이라는 생각을 떠올리게 한다. 나이가 좀 들어서 설명을 처음 듣거나 경험을 처음 하게 되는 아이는 그런 일로 그다지 놀라지 않을 것이다. 그런 경우에 아이가 올바른 관계를 이해하는 데 실수를 저지를 확률이 그만큼 낮아질 것이다.

결정적으로 중요한 것은 아이에게 절대로 거짓말을 하지 않고, 아이의 질문을 피하지 않고, 아이의 질문 뒤에 자리 잡고 있는 것을 파악하고, 아이가 이해할 수 있는 범위 안에서만 설명하는 것이다. 주제를 벗어난 정보는 아이에게 엄청난 피해를 안길 수 있다.

다른 모든 분야에서와 마찬가지로 삶의 이 문제에서도, 아이가 독립적으로 활동하면서 자신이 알고자 하는 것을 스스로의 노력으로 배우는 것이 훨씬 더 바람직하다. 만일 아이와 부모 사이에 신뢰 관계가 형성되어 있다면, 아이는 어떠한 모욕도 느끼지 않을 것이다. 아이는 자신이 알아야 할 것이 있으면 언제든 부모에게 물을 것이다.

아이들이 친구들의 설명 때문에 엉터리로 배운다는 통념이 있다. 나는 건전한 아이들 중에서 이런 식으로 피해를 입는 아이를 한 번도 본 적이 없다. 아이들은 학교 친구들이 말하는 것을 그대로 삼키지 않는다. 대개 아이들은 매우 비판적이며, 친구들에게서 들은 말이 진실인지 자신이 서지 않으면 부모나 형제자매들에게 물을 것이다. 나는 아이들이 이런 문제에서 부모들이 생각하는 것보다 훨씬 더 세심하고 똑똑하다는 사실을 자주 확인한다.

환경으로부터 받는 인상

성인의 삶에서 일어나는 육체적 끌림까지도 이미 어린 시절에 훈련을 거친다. 아이가 공감과 끌림과 관련해서 받는 인상과 가까운 환경 속에 사는 이성들이 아이에게 주는 인상이 바로 육체적 끌림의 시작이다. 어떤 소년이 어머니나 누나, 여동생 혹은 주변의 소녀들로부터 이런 인상을 받을 때, 그가 훗날 육체적으로 끌릴 여자의 유형은 환경 속의 여자들과 비슷할 것이다. 간혹 소년은 예술 작품의 영향을 받기도 한다. 누구나 이런 식으로 미(美)의 개인적 이상에 끌린다. 따라서 개인은 훗날 넓은 의미의 '자유로운 선택'을 더 이상 누리지 못하게 되고 어릴 때 훈련받은 노선을 따라서만 선택하게 된다.

이런 식으로 아름다움을 추구하는 것은 무의미한 추구가 아니다. 아름다움에 관한 우리의 감정은 언제나 건강을 추구하고 인류의 미래와 향상을 추구하는 방향으로, 말하자면 우리가 아이들에게 발달해주기를 바라는 방향으로 움직이게 되어 있다. 이것이 언제나 우리를 끌어당기고 있는 그 아름다움이다.

간혹 소년이 어머니와의 관계에서 어려움을 경험하고 소녀가 아버지와의 관계에서 어려움을 경험한다면(부모의 결혼 관계에서 두 사람의 협동이 강하게 드러나지 않을 경우에 이런 일이 자주 일어난다), 그런 소년과 소녀는 어머니나 아버지와 반대되는 유형을 추구할 것이다. 예를 들어, 소년의 어머니가 잔소리를 심하게 하며 아이를 괴롭히는데 소년이 약하게 지배당하는 것을 두려워하게 된다면, 이 소년은 상대방을 지배하려 들 것 같지 않은 여자들에게만 성적으로 끌릴 것이다. 이 소년이 실수를 저지를 확률이 아주 높다. 왜냐하면 소년이 자신이 쉽게 누를 수 있는 파트너를 찾을 것인데, 동등한 관계가 확립되지 않고는 행복한 결혼 생활은 결코 불가능하기 때문이다. 만일 소년이 자신의 힘을 입증하길 원한다면, 그는 마찬가지로 강해 보이는 파트너를 찾을 것이다. 이는 그가 강한 것을 선호하기 때문이거나 파트너에게서 자신의 힘을 입증할 수 있는 어떤 도전 같은 것을 발견하기 때문이다.

소년과 어머니의 불화가 매우 심하다면, 소년이 사랑과 결혼을 위해 준비하는 것 자체가 방해를 받을 수 있고, 심지어 이성에 육체적으로 끌리는 것까지도 차단될 수 있다. 이런 장애는 정도를 달리하면서 다양한 모습으로 나타난다. 이 장애가 아주 심할 경우에 소년은 이성을 완전히 배제하면서 도착적인 모습을 보이게 된다.

부모의 결혼 생활이 조화를 이룰 경우에 아이들은 사랑과 결혼에 필요한 준비를 보다 쉽게 할 수 있다. 아이들은 부모들의 삶을 지켜보면서 결혼 생활은 대충 어떤 것이라는 인상을 받는다. 결혼 생활이 순탄하지 않거나 가족생활이 불행한 가정에서 성장한 사람들 중에 삶에 실패하는 사람들이 많은 것도 결코 놀랄 일이 아니다. 만약에 부모가 서로 협동하지 못하는 사람들이라면, 그들이 아이들에게 협동을 가르치는 것은 불가능한 일일 것이다.

어떤 개인이 결혼 생활에 적절한지를 판단할 기준을 제시한다면, 그 사람이 제대로 된 가족생활을 통해서 훈련을 받았는지 여부와 그 사람이 부모나 형제자매를 대하는 태도가 가장 적절하다. 가장 중요한 요소는 그 사람이 사랑과 결혼을 위한 준비를 어디서 했는가 하는 점이다.

그러나 이 요소에도 신중하게 접근해야 한다. 사람은 환경에 의해 결정되는 것이 아니라 그 사람이 환경을 해석하는 방식에 의해 결정되기 때문이다. 환경 자체는 나빠도, 환경에 대한 그의 해석은 유익할 수 있다. 그가 부모의 집에서 경험한 가족생활은 대단히 불행했지만, 이런 불우한 환경이 그로 하여금 자신의 가족생활만은 행복하게 이끌겠다는 식으로 다짐하도록 자극할 수도 있다. 그러면 그는 결혼을 위해 스스로를 잘 훈련시킬 것이다. 어떤 사람이 성장하면서 불행한 가족생활을 겪었다는 이유로 그 사람을 배제하는 일은 절대로 없어야 한다.

적절한 준비와 부적절한 준비

최악의 준비는 개인이 언제나 자신의 이익만을 챙기는 경우이다. 이런 식으로 평소에 자신을 훈련시킨 사람은 언제나 자신이 삶에서 얻을 수 있는 쾌락이나 재미만을 생각할 것이다. 그런 사람은 파트너의 삶을 편안하게 만들거나 풍요롭게 만드는 일에는 신경을 쓰지 않고 언제나 자신의 자유와 구원만을 요구할 것이다. 이것은 재앙을 부르는 접근이다. 그런 사람은 말의 목줄을 꼬리에서부터 채우려 드는 사람과 비슷하다. 그것은 죄는 아니지만 틀림없이 그릇된 방법이다.

적절한 결혼 개념과 부적절한 결혼 개념

따라서 사랑을 대하는 태도를 가꾸면서, 우리는 언제나 쉬운 것만을 추구하거나 책임을 피할 길을 찾아서는 안 된다. 망설임이나 회의(懷疑)가 있으면, 사랑의 동료 관계는 절대로 견고할 수 없다. 협동은 영원을 추구하겠다는 결정을 요구한다. 우리는 그런 바탕에서 이뤄진 결합을 사랑과 진정한 결혼의 예로 여긴다. 이런 사랑과 결혼에는 변경 불가능하고 확고한 결정들이 내려지게 마련이다. 이 결정들 속에 우리는 아이들을 갖기로 하는 결정, 아이들을 협동을 꾀하는 방향으로 교육시키고 훈련시키기로 하는 결정, 우리가 할 수 있는 범위 안에서 최대한으로 아이들을 진정한 동료 인간으로, 말하자면 인간 종의 평등하고 책임 있는 구성원으로 만들겠다는 결정 등을 포함시킨다.

훌륭한 결혼이야말로 우리가 미래 세대의 인류를 키우는 최선의 수단이다. 결혼 생활은 이 점을 언제나 염두에 둬야 한다. 결혼은 정말로 하나의 과제이다. 결혼은 나름의 규칙들과 법칙들을 갖고 있으며, 우리가 그 중에서 일부만을 선택하고 나머지를 피할 수 있는 길은 절대로 없다. 그렇게 하면 이 지구 위의 영원한 법칙인 협동이 반드시 깨어지게 되어 있다.

우리의 책임을 5년으로 제한하거나 결혼을 하나의 시험 기간으로 여긴다면, 그런 상황에서 사랑의 친밀한 헌신은 절대로 불가능하다. 그런 도피를 꿈꾸는 남녀라면 절대로 결혼이라는 과제에 자신의 힘을 모두 쏟지 못한다. 삶의 중요한 과제들 앞에서 그런 "도주"를 꿈꿔서는 절대로 안 된다. 서로 사랑하면서 서로에게 제한을 두는 일은 절대로 불가능하다.

결혼 생활을 위한다는 명분으로 서로의 부담을 경감시킬 방법을 찾으려 드는 사람들은 그 의도와 취지는 훌륭할지 몰라도 어쨌든 잘못된 길로 들어서고 있다. 그들이 제안하는, 부담을 경감시킬 조치들은 결혼 생활을 시작하려는 커플의 노력을 훼손시키고 제한하게 된다. 그런 조치들은 커플들이 결혼 생활에 요구되는 일들을 배제하도록 만들고 빠져나갈 길을 쉽게 찾도록 만들 것이다. 우리의 사회적 삶에 많은 어려움이 있고, 그 어려움들이 많은 사람들로 하여금 사랑과 결혼의 문제를 올바른 길로 풀지 못하도록 방해하고 있다는 사실을 나는 잘 알고 있다. 그러나 희생시켜야 할 것은 사랑과 결혼이 아니라 우리의 사회적 삶의 어려움들이다.

사랑의 동료 관계에 필요한 특징들이 어떤 것인지를 우리는 잘 알고 있다. 충실하고, 진실하고, 신뢰할 만하고, 숨기지 않고, 자신만을 추구하지 않는 것이 그런 특징들이다. 불성실한 짓이 다반사로 일어나고 있다고 믿는 사람이라면 결혼할 준비가 제대로 되어 있지 않은 사람이다. 양쪽 파트너 모두가 자신의 자유를 지키기로 동의하지 않는다면, 진정한 동료 관계가 형성되는 것 자체가 불가능하다. 두 사람의 자유가 보장되지 않는 관계는 절대로 동료 관계가 아니다. 동료 관계라고 해서 모든 방향으로 다 자유로운 것은 아니다. 두 사람은 스스로 협동에 얽매일 줄 알아야 한다.

파트너 사이의 사적인 합의가 결혼 생활의 성공이나 인류의 행복에 적절하지 않은 것일 경우에 본인들에게 어떤 식으로 해를 입힐 수 있는지를 보여주는 예가 하나 있다. 이혼한 남자와 이혼한 여자가 서로 결합한 예이다. 그들은 교양 있고 지적인 사람이었으며, 새로운 결혼 생활이 그 전의 결혼보다 더 나을 것이라는 기대에 잔뜩 부풀어 있었다. 그러나 그들은 자신들의 첫 번째 결혼이 붕괴된 이유를 모르고 있었다. 그들은 자신들에게 사회적 관심이 부족하다는 사실을 보지 못한 가운데 옳은 길을 찾고 있었다. 그들은 스스로 자유사상가라고 생각하고 있었으며, 상대방에게 방해를 전혀 받지 않는 가운데 최대한 편하게 결혼 생활을 영위할 수 있기를 원했다. 그래서 그들은 서로가 모든 방향으로 완벽하게 자유를 누리도록 하자고 제안했다. 자신이 원하는 모든 것을 하면서도, 자신에게 일어난 모든 일을 털어놓을 만큼 서로를 신뢰하자는 제안이었다. 이 점에 있어서는 남편이 더 적극적이었던 것 같았다. 그는 퇴근할 때마다 아내에게 들려줄 이야기가 아주 다양했다. 그녀도 남편의 모험담을 즐기고 그런 남편을 자랑스럽게 생각하는 것 같았다.

그녀도 사랑 관계를 다시 시작해 보려는 뜻을 늘 품고 있었다. 그러나 그녀는 연애를 하기 위한 첫 걸음을 떼기도 전에 광장공포증을 앓기 시작했다. 그래서 그녀는 더 이상 혼자서 외출을 하지 못하게 되었다. 그녀의 신경증이 그녀를 방안에만 가둬놓았던 것이다.

문밖으로 나가기만 하면, 그녀는 잔뜩 겁을 먹고 돌아오지 않을 수 없었다. 이 광장공포증은 연애를 하겠다는 그녀의 결정으로부터 그녀를 보호하는 장치였다.

그러나 거기엔 그보다 더 깊은 것이 있었다. 그녀가 홀로 나갈 수 없게 되었기 때문에 그녀의 남편도 마침내 그녀 옆에 머물러야 했다. 여기서 결혼의 논리가 그들의 결정에 의해 어떤 식으로 깨어졌는지가 드러난다. 남편은 아내 옆에 있어야 하기 때문에 더 이상 자유사상가가 될 수 없었다. 또 그녀도 혼자 나가는 것을 무서워했기 때문에 더 이상 자유를 누릴 수 없게 되었다. 만일 이 여자가 치료하길 원한다면, 그녀는 반드시 결혼 생활에 대한 이해를 더욱 높일 수 있어야 할 것이고, 남편도 마찬가지로 결혼 생활을 하나의 협동적인 과제로 볼 수 있어야 할 것이다.

부적절한 준비

결혼 생활 초기에 다른 실수들도 저질러진다. 집에서 응석받이로 자란 아이는 종종 결혼 생활에서 자신이 무시당한다는 느낌을 받는다. 그런 사람은 사회적 삶에 적응하는 훈련이 제대로 되어 있지 않다. 응석받이로 큰 아이는 결혼 생활에서 대단한 독재자가 될 수 있다. 그러면 파트너는 희생당하고 있다는 느낌을 받고 또 새장에 갇혀 지낸다고 느끼면서 저항하기 시작할 것이다. 응석받이로 큰 두 사람이 결혼할 경우에 일어나는 일을 관찰하는 것도 흥미로운 일이다. 그런 경우에 각자는 상대방에게 관심과 주의를 기울여줄 것을 요구하지만 그 요구는 결코 받아들여질 수 없다. 그 다음 단계는 도피를 찾는 것이다. 한 파트너가 더 많은 관심을 받기를 원하면서 다른 누군가와 연애를 시작할 것이다.

한 사람과 사랑을 나누지 못하는 사람들도 있다. 그런 사람들은 동시에 두 사람과 사랑의 관계를 맺는다. 그러면서 그들은 스스로 자유롭다고 느낀다. 이 사람에서 다른 사람으로 달아날 수 있으니까. 그러면서 사랑의 책임을 절대로 지지 않는다. 두 사람을 사랑한다는 것은 곧 아무도 사랑하지 않는다는 뜻이다.

낭만적이거나 이상적이거나 이룰 수 없는 사랑을 고안해내는 사람들도 있다. 이들은 현실 속에서 어떠한 파트너에게도 접근할 필요성을 느끼지 않는 가운데서 자신의 감정을 즐길 수 있다. 매우 고상한 사랑의 이상은 모든 가능성을 배제하는 데에도 이용될 수 있다. 그 이상을 맞출 수 있는 사람이 절대로 발견되지 않을 것이기 때문이다.

많은 남자들과 특히 많은 여자들은 발달상의 실수 때문에 자신의 성적 역할을 싫어하거나 거부하도록 스스로를 훈련시켰다. 그들은 자신들의 자연스런 기능들을 방해하고 있으며 치료 과정을 거치지 않고는 육체적으로 성공적인 결혼 생활을 성취하지 못한다. 이것이 내가 남성성 항의라고 부르는 바로 그것이다. 남성성 항의는 우리 문화에서 남자들이 과대평가되고 있는 사실 때문에 일어난다.

자신들의 성적 역할에 대해 확실히 모르는 상태에 있는 아이들은 불안을 느끼기 쉽다. 남성의 역할이 지배적인 역할로 받아들여지는 한, 소년에게나 소녀에게나 똑같이 남자의 역할이 선망의 대상이 되는 것은 너무나 당연한 일이다. 그들은 남자의 역할을 수행할 자신의 능력에 대해 의문을 품을 것이고, 남자다움의 중요성을 과대평가할 것이고, 시험대에 오르는 것을 극구 피하려 들 것이다.

성적 역할에 대한 불만이 우리 문화에서 매우 자주 확인되고 있다. 성적 불감증을 겪고 있는 모든 여자들과 심리적 발기부전을 겪고 있는 남자들의 경우에 그런 불만을 의심해볼 수 있다. 성적 불감증이나 심리적 발기부전의 경우에 사랑과 결혼에 대한 저항이 보인다. 남자와 여자는 동등하다는 감정을 진정으로 품기 전까진 이런 실패들을 피하는 것은 불가능하다.

인류의 반이 자신들에게 부여된 지위에 불만을 품을 이유를 갖고 있는 한, 우리는 결혼 생활의 성공에 매우 큰 장애를 계속 안고 있을 것이다. 여기서 치료법은 평등을 위한 훈련이다. 그렇기 때문에 아이들이 자신의 미래 역할에 대해 모호하게 아는 상태로 내버려둬선 안 된다.

결혼 전에 성관계를 하지 않을 경우에 사랑과 결혼의 친밀한 헌신이 최대한 보장된다고 나는 믿는다. 나는 대부분의 남자들이 혼전 성관계를 진정으로 원하지 않는다는 사실을 발견했다. 간혹 남자들은 혼전 성관계를 성적 부도덕의 신호로 여기며 오히려 충격을 받는다. 게다가 현재 우리 문화의 상태에서 혼전에 친밀한 성적 관계가 형성될 경우에 소녀에게 더 무거운 짐이 지어진다.

결혼이 용기에서가 아니라 두려움에서 맺어진다면, 그것 또한 엄청난 실수이다. 용기는 협동의 한 측면이며, 두려움에서 파트너를 선택하는 남자나 여자는 진정한 협동을 원하지 않는다. 남자와 여자가 알코올 중독자나 자신보다 사회적 신분이나 교육 수준이 훨씬 낮은 사람을 선택하는 경우에도 이 말은 그대로 유효하다. 그런 남녀들은 사랑과 결혼을 무서워하고 있으며, 자신의 파트너가 자신을 존경하도록 만들 그런 상황을 확립하길 원하고 있다.

우정과 직업

사회적 관심을 훈련시키는 방법 하나는 우정을 쌓는 것이다. 우리는 우정의 관계에서 다른 사람의 눈으로 보고, 다른 사람의 귀로 듣고, 다른 사람의 가슴으로 느끼는 방법을 배운다. 언제나 보살핌을 받으며 친구를 사귀지 못한 가운데 성장한 아이는 다른 사람과 동일시하는 능력을 제대로 발달시키지 못한다. 그런 아이는 언제나 자신을 세상에서 가장 중요한 존재로 여기고 자신의 행복을 지키려 노심초사하게 된다.

우정을 통한 훈련은 결혼을 위한 준비의 한 과정이다. 놀이도 협동을 추구하는 훈련으로 여겨진다면 유익할 수 있다. 그러나 아이들의 놀이에서 경쟁과 남들보다 뛰어나려는 욕구가 너무나 자주 보인다. 두 명의 아이가 함께 작업하고 함께 공부하고 함께 배우는 그런 상황을 조성하는 것이 매우 유익하다. 나는 춤을 과소평가해서는 안 된다고 믿는다. 춤은 두 사람이 공통의 과제를 성취하는 활동이다. 춤을 통해 아이들을 훈련시키는 것이 좋다고 나는 생각한다. 오늘날 우리가 보는 그런 춤에 대해 이야기하는 것이 아니다. 오늘날의 춤은 공통의 과제이기보다는 쇼의 성격이 더 강하기 때문이다. 그러나 아이들을 위해 단순하고 쉬운 춤을 개발한다면, 아이들의 발달에 큰 도움을 줄 수 있을 것이다.

결혼에 대한 준비를 보여주는 또 다른 문제는 직장 문제이다. 오늘날엔 이 문제의 해결이 사랑과 결혼 문제의 해결보다 더 중요하게 여겨지고 있다. 생계를 유지하고 가정을 꾸려나가기 위해선 파트너 모두 또는 한 쪽이 직업을 가져야 한다. 따라서 결혼에 대한 준비가 일을 제대로 할 준비를 포함해야 한다는 사실이 쉽게 이해된다.

구애와 성적 매력

우리는 이성에 접근하는 태도에서 용기와 협동하는 능력이 어느 정도인지를 확인할 수 있다. 모든 개인은 이성에게 구애를 할 때 자신만의 독특한 접근법을 택하고 또 독특한 걸음걸이와 기질을 보인다. 이것도 언제나 그 사람의 삶의 양식과 일치한다. 연애를 대하는 기질에서, 우리는 그 사람이 인류의 미래에 "예스"라고 대답하면서 자신감에 넘치고 협동적으로 활동하는 사람인지, 아니면 자신에게만 관심을 쏟으며 무대 공포증으로 힘들어 하면서 스스로에게 "나는 어떤 쇼를 벌이고 있는가?"라고 묻거나 "사람들이 나를 보며 뭐라고 생각할까?"라고 물으며 자신을 고문하는 사람인지를 확인할 수 있다. 사람에 따라서 구애에 느리고 조심스럽게 접근할 수도 있고 저돌적으로 나올 수도 있다. 어떤 경우든 구애하는 사람의 기질은 그의 목표와 삶의 양식과 일치하며, 구애 행위도 삶의 양식의 한 표현일 뿐이다. 그럼에도 구애 방식만을 보고 그 사람이 결혼할 준비가 되어 있는지를 판단할 수는 없다. 구애에 적극적인 사람도 다른 문제들 앞에서는 우유부단한 모습을 보일 수 있기 때문이다. 그럼에도 불구하고, 우리는 구애하는 방법에서 그 사람의 인격을 말해주는 암시들을 끌어낼 수 있다.

우리의 문화적 조건에서는 남자가 끌림을 먼저 표현해야 하고 또 남자가 먼저 접근해야 하는 것으로 여겨지고 있다. 따라서 이런 문화적 요구가 계속되는 한, 소년들을 남자다운 태도를 갖추도록 훈련시키는 것이 필요할 것이다. 말하자면 주도권을 잡고 망설이거나 도피처를 찾지 않도록 훈련시킬 필요가 있다는 말이다. 그러나 소년들에 대한 훈련은 소년들이 자신을 전체 사회적 삶의 일부로 느끼고 사회적 삶의 장점과 단점을 자신의 것으로 받아들일 때에만 가능해진다. 물론, 소녀와 여자들도 구애에 관여하고 주도권을 잡는다. 그러나 우리의 지배적인 문화의 조건에서 여자들은 속내를 숨길 의무가 있다고 느끼며, 여자들의 구애는 옷차림이나 보고 듣고 말하는 방식을 통해 표현되고 있다. 따라서 남자의 접근은 보다 단순하고 얕으며, 여자들의 접근은 보다 깊고 복잡하다고 할 수 있다.

파트너에 대한 성적 끌림도 필요하지만, 그 끌림은 언제나 인류의 행복을 위하려는 욕망과 조화를 이뤄야 한다. 파트너들이 서로에게 진정으로 관심이 있다면, 성적 끌림이 종지부를 찍는 그런 문제는 절대로 일어나지 않을 것이다. 성적 끌림의 종식은 언제나 관심의 부족을 암시한다. 그것은 그 사람이 파트너에게 동등하고 다정하고 협력적이라는 느낌을 더 이상 받지 못한다는 뜻이고, 파트너의 삶을 풍요롭게 가꾸고 싶은 마음이 더 이상 없다는 뜻이다.

가끔 사람들은 관심은 예전과 마찬가지로 여전한데 끌림이 사라졌다는 식으로 생각한다. 이는 절대로 진실이 아니다. 입이 거짓말을 하거나 머리가 이해를 하지 못하는 경우는 간혹 있지만, 육체의 기능들은 언제나 진실을 말한다. 만일 육체의 기능에 결함이 있다면, 두 사람 사이에 진정한 동의가 전혀 없다는 뜻이다. 두 사람은 서로에게 흥미를 잃은 것이다. 적어도 두 사람 중 하나는 사랑과 결혼의 과제를 더 이상 풀기를 원하지 않고 탈출이나 도망을 꾀하고 있다.

다른 한 가지 길로, 인간 존재들의 성욕은 다른 생명체들의 성욕과 다르다. 인간의 성욕은 지속적이라는 점이다. 이것은 인류의 행복과 지속성을 보장하는 한 방법이다. 이것은 또 인간이 수를 증대시키고 숫자의 크기를 통해서 행복과 존속을 확보하는 한 방법이다. 다른 생명체들의 경우엔 존속을 위해 다른 수단들을 이용한다. 예를 들어, 많은 생명체들은 암컷이 엄청나게 많은 알을 낳는다. 이 알들 중 많은 것이 사라지거나 파괴되지만 그래도 많은 숫자 때문에 그 중 일부는 언제나 생존할 수 있다.

인간 존재들의 경우에도 존속의 한 방법은 아이들을 갖는 것이다. 따라서 우리는 사랑과 결혼의 문제에서 인류의 행복에 관심이 큰 사람들이 아이들을 갖는 경향을 더 강하게 보인다는 사실을 확인할 것이다. 당연히, 동료 인간 존재들에게 의식적으로나 무의식적으로 관심을 갖지 않는 사람들은 생식의 부담을 거부할 확률이 높다. 언제나 요구하고 기대하기만 하면서 절대로 베풀지 않는 사람들은 아이들을 좋아하지 않는다. 그들은 오직 자기 자신에게만 관심이 있으며, 아이들을 귀찮은 부담으로, 다시 말해 그들이 자기 자신에게 계속 관심을 갖는 것을 방해할 그런 대상으로 여긴다. 따라서 우리는 사랑과 결혼 문제의 완벽한 해결을 위해선 아이를 갖겠다는 결정이 필요하다고 말할 수 있다. 훌륭한 결혼이야말로 인류의 미래 세대를 키우는 데에 최선의 수단이다. 결혼은 언제나 이 점을 고려해야 한다.

일부일처

우리의 사회적 삶에서 사랑과 결혼 문제의 해결책은 일부일처이다. 친밀한 헌신과 상대방에 대한 관심을 요구하는 결혼 관계를 시작하는 사람은 누구나 이 관계의 근본적인 바탕을 깨뜨려서도 안 되고 도피를 꾀해서도 안 된다.

과제 지향

관계가 깨어질 가능성은 언제든지 있다. 불행하게도, 우리 인간은 관계의 파탄으로부터 언제나 자유롭지는 않다. 그러나 결혼과 사랑을 우리에게 해결을 요구하는 하나의 사회적 과제로 본다면, 관계의 파탄을 쉽게 피할 수 있다. 결혼과 사랑을 사회적 과제로 받아들일 경우에 우리는 그 문제를 해결하려고 온갖 수단을 다 동원할 것이다. 관계의 파탄은 대체로 파트너들이 자신의 모든 힘을 결집시키지 않기 때문에 일어난다. 그런 파트너들은 결혼을 늘 새롭게 창조하지 않고 있다. 그들은 단지 무엇인가를 받기를 기다리고 있다. 사랑과 결혼 문제에 이런 식으로 대처하는 사람들은 당연히 실패하고 말 것이다. 사랑과 결혼을 마치 천국처럼 여기는 것은 실수이다. 결혼을 이야기의 끝으로 여기는 것도 마찬가지로 실수이다. 두 사람이 결혼할 때, 그들의 관계의 가능성이 시작된다. 결혼 생활 동안에 두 사람은 진정한 삶의 과제에 직면하고 동시에 사회를 위해 창조할 기회를 진정으로 누린다.

결혼을 하나의 끝으로, 최종적 목적으로 보는 관점이 우리 문화에 지나치게 두드러진다. 예를 들어, 수많은 소설에서 이런 관점이 확인되고 있다. 이 작품들은 남자와 여자가 결혼하는 것으로 막을 내린다. 그들이 함께 사는 삶이 시작될 바로 그 시점에 말이다. 그러면서 결혼 자체가 마치 모든 것을 만족스럽게 해결해주는 것처럼 다뤄지고 있다. 결혼이 그들의 과제의 끝이었다는 듯이.

여기서 깨달아야 할 중요한 진리는 사랑 자체는 아무것도 해결해주지 못한다는 점이다. 세상에는 온갖 종류의 사랑이 있다. 그러기에 결혼생활에 따르는 문제들을 해결하는 데에는 노력과 관심, 협동에 의지하는 것이 보다 현명하다. 결혼 관계에 놀랄 만한 것은 전혀 없다. 결혼을 대하는 모든 개인의 태도는 그의 삶의 양식의 한 표현이다. 어떤 사람의 전체 모습을 이해할 수 있다면, 당연히 그 사람의 결혼관도 이해할 수 있다. 개인의 전체 모습이 파악되지 않으면, 그 개인이 결혼을 대하는 태도도 파악되지 않는다. 결혼을 대하는 태도는 그 사람의 모든 노력과 목표와 일치한다. 따라서 너무나 많은 사람들이 언제나 구원이나 도피를 바라고 있는 이유가 이해된다. 나는 도피나 구원을 바라는 태도를 가진 사람들이 얼마나 많은지를 정확히 알고 있다. 응석받이 아이의 태도를 간직하고 있는 사람들 모두가 그런 태도를 갖고 있다고 보면 된다.

이것은 우리의 사회적 삶에 위험한 유형이다. 응석받이 아이의 모습을 그대로 갖고 있는 어른들은 언제나 스스로에게 이런 물음을 던진다. "내가 원하는 것을 모두 가질 수 있을까?" 그들은 자신이 원하는 것을 모두 얻지 못할 경우에 삶이 무의미하다고 생각한다. "내가 갖고 싶은 것을 갖지 못하는 상황에 삶이 무슨 의미가 있어?" 그들은 비관적으로 변한다. 그러다가 "죽음 소망"을 품는다. 그들은 스스로를 병들게 만들고 신경증 환자로 만들며 잘못된 삶의 양식 때문에 어떤 철학 같은 것을 만들어낸다. 그들은 자신의 잘못된 사상들이 대단히 독특하고 중요하다고 느낀다. 그들은 자신이 욕망과 감정을 억눌러야 한다면 그것은 우주의 심술 때문이라고 느낀다. 그들은 그런 식으로 훈련을 받는다.

그들은 한때 자신이 원하는 것이면 무엇이든 손에 넣을 수 있었던 그런 좋은 시절을 경험한 사람들이다. 아마 그들 중 일부는 지금도 여전히 오랫동안 울고 충분히 강하게 항의하고 협동을 거부하면 자신이 바라는 것을 얻을 수 있다고 느끼고 있다. 그들은 삶의 조화 같은 것에는 신경을 쓰지 않고 오직 자신의 개인적 이익만 돌보고 있다.

그 결과, 그들은 기여하길 원하지 않고, 언제나 사물들을 쉽게 가지려 하고, 어떠한 거부도 좋아하지 않는다. 따라서 그들은 결혼 자체를 실험이나 보상으로 여기고, 동정적인 결혼이나 계약 결혼, 보다 쉬운 이혼을 원한다. 그들은 결혼 생활을 시작하는 단계부터 불성실할 수 있는 권리와 자유를 요구하기 때문이다. 만일 한 인간 존재가 다른 인간 존재에게 진정으로 관심을 갖는다면, 그 사람은 관심에 속하는 모든 특징들을 다 가져야 한다. 진실하고, 훌륭한 친구가 되고, 책임감을 느끼고, 성실하고 신뢰할 만한 존재가 되어야 하는 것이다. 그런 사랑의 삶이나 결혼을 성취하지 못한 사람은 적어도 이 점에서만은 자신의 삶이 실수였다는 점을 이해해야 한다고 나는 믿는다.

아이들의 행복에 관심을 두는 것도 마찬가지로 필요하다. 만일 어떤 사람의 결혼이 내가 지지하는 것과 다른 관점들에 바탕을 두고 있다면, 아이들의 양육에 엄청난 어려움이 따를 것이다. 만일 부모가 서로 싸우면서 결혼을 아주 사소한 것으로 여기고 있다면, 만일 부모가 결혼 생활의 문제도 해결 가능하며 그래야만 둘의 관계가 성공할 수 있다고 믿는 사람이 아니라면, 그것은 아이들이 사회성을 배워나가는 데 호의적인 상황이 절대로 아니다.

부적절한 목표와 접근

아마 두 사람이 함께 살지 말아야 할 이유도 있을 것이고, 갈라서는 것이 더 이로운 커플도 있을 것이다. 하지만 누가 그런 판단을 한단 말인가? 결혼에 대해 제대로 배우지 못했고, 결혼은 하나의 과제라는 점을 이해하지 못하고, 오직 자기 자신에게만 관심을 갖는 사람들에게 그런 판단을 맡겨야 하는 것인가? 그런 사람들은 결혼을 보는 것과 똑같은 시각으로 이혼을 볼 것이다. "이혼에서 무엇을 얻을 수 있을까?" 이런 사람들은 절대로 이혼 문제에 개입해서는 안 된다.

이혼과 재혼을 반복하면서 똑같은 잘못을 계속 저지르는 사람이 자주 보인다. 그렇다면 이혼이 적절한지 여부는 누가 결정해야 하는가? 이 질문 앞에서 사람들은 아마 결혼 생활이 부드럽게 돌아가지 않는다면 정신과의사가 결혼을 깨야 하는지 여부를 결정할 수 있다고 생각할 것이다. 그러나 거기에도 문제가 있다. 미국의 사정은 어떤지 모르지만, 유럽의 경우에는 정신과의사들 대부분이 개인의 행복이 가장 중요하다고 생각하고 있다. 따라서 결혼 생활이 위기를 맞은 상황에서 정신과의사들과 상담할 경우에 정신과의사들은 문제를 해결하는 방법으로 이혼을 권하기 쉽다. 그래도 나는 시간이 흐르면 정신과의사들도 마음을 바꾸고 그런 조언을 하지 않을 것이라고 확신한다. 결혼 문제도 삶의 다른 과제의 문제들과 서로 연결되면서 어떤 일관성을 보인다는 점을 이해하지 못하는 정신과의사들만 그런 쉬운 조언을 할 것이다. 내가 많은 사람들이 고려해주길 바라고 있는 것이 바로 이 일관성이다.

결혼을 개인적인 문제의 해결책으로 볼 때에도 이와 비슷한 실수가 저질러진다. 여기서도 나는 미국에 대해서는 말할 수 있는 입장이 아니다. 하지만 유럽에서는 신경증 환자가 된 소년이나 소녀에게 정신과의사들이 애인을 갖고 성관계를 갖도록 하라는 조언을 종종 한다. 유럽의 정신과의사들은 성인들에게도 똑같이 조언한다.

이것은 사랑과 결혼을 단순히 하나의 의약품으로 전락시키고 있는데, 이 조언을 따르는 사람들은 크게 실패하게 되어 있다.

사랑과 결혼 문제의 올바른 해결책은 온전한 인격을 성취하는 것이다. 인생에서 행복과 직결되는 문제들 중에서 사랑과 결혼의 문제만큼 중요한 것은 없다. 우리는 사랑과 결혼의 문제를 사소한 문제로 다뤄선 안 된다.

사랑과 결혼을 범죄적인 경력이나 알코올 중독 또는 신경증을 치료하는 수단으로 여겨서는 안 된다. 신경증 환자는 사랑과 결혼을 생각하기 전에 먼저 치료부터 받아야 한다. 만일 신경증 환자가 사랑과 결혼에 적절히 접근할 수 있는 능력을 갖추기 전에 사랑이나 결혼을 하게 된다면, 그 사람은 반드시 새로운 위험과 불행 속으로 빠져들 것이다. 그 사람에게 결혼은 아주 높은 이상이 될 것이고, 결혼이라는 과제의 해결이 요구하는 많은 노력과 창의적인 작용이 결혼 생활에 추가로 부담을 안기게 된다.

다른 길로도 부적절한 목표를 가진 채 결혼에 임할 수 있다. 어떤 사람들은 경제적 안전을 위해 결혼하고, 어떤 사람들은 누군가를 동정해서 결혼하고, 또 어떤 사람들은 하인을 확보하기 위해 결혼한다. 결혼에는 그런 농담 같은 것이 들어설 자리가 없다. 나는 심지어 자신들의 어려움을 증대시키기 위해 결혼하는 사람들도 알고 있다. 어떤 젊은이는 시험이나 미래 경력을 놓고 어려움을 겪고 있을 수 있다. 그는 시험이나 취직에 자신이 없다는 생각이 강하게 들고, 그럴 경우에 사람들에게 제시할 변명거리를 찾게 될 것이다. 따라서 그는 어떤 알리바이를 제시하기 위해 결혼이라는 과제를 추가로 떠안는다.

나는 사랑과 결혼의 문제를 과소평가하거나 경시할 것이 아니라 보다 높은 차원에서 논해야 한다고 생각한다. 지금까지 내가 들은 모든 제안들을 보면, 불리한 입장에 있는 쪽은 언제나 여자이다. 우리 문화의 남자들이 이미 보다 편한 지위를 누리고 있다는 데에는 이견이 전혀 없다. 이것은 우리 문화의 전체적인 접근에 나타난 잘못이다. 이 잘못은 개인의 반란으로는 절대로 극복되지 않는다. 특히 결혼 문제의 경우에 개인의 반란은 사회적 관계와 파트너의 이익을 깨뜨려놓을 것이다. 그래서 이 잘못은 우리 문화의 전반적인 태도를 제대로 인식하고 바꿔나감으로써만 극복될 수 있다.

나의 제자인 디트로이트의 레이시(Marie Rasey) 교수가 실시한 설문 조사에서, 설문에 응한 소녀들 중에서 42%가 자신이 소년이었으면 좋겠다고 대답했다. 말하자면 자신의 성에 불만을 품은 사람들이 아주 많다는 뜻이다. 인류의 반 가까운 사람들이 자신의 성과 지위에 낙담하면서 다른 반이 누리고 있는 보다 큰 자유에 반대하는 상태에서, 사랑과 결혼의 문제를 해결하는 것이 쉬울 수 있을까? 여자들이 언제나 무시당할 것이라고 예상하면서 스스로 남자들의 성적 대상에 지나지 않는다고 믿고 있고 또 남자들은 바람을 피우는 것이 자연스런 일로 통하는 분위기에서, 사랑과 결혼의 문제를 푸는 것이 쉬울 수 있을까?

결론

지금까지 말한 내용을 바탕으로 우리는 간단하고, 분명하고, 유익한 결론을 끌어낼 수 있다. 인간 존재들에겐 일부다처가 적합한 것도 아니고 일부일처가 적합한 것도 아니다. 그러나 우리가 이 땅에서 서로 동등한 남녀 인간 존재들과 공동으로 살아가고 있고, 또 삶의 3가지 중요한 문제들을 만족스런 방향으로 해결해야 한다는 사실을 깨닫는 것이 중요하다. 그러면 사랑과 결혼에서 개인의 최대 발달과 성숙을 확보할 수 있는 최선의 길은 일부일처라는 결론이 자연스레 나올 것이다.

옮긴이의 글

현대 페미니스트들이 꼽는 '여성 운동의 적 리스트' 최상단에 지그문트 프로이트가 가끔 오른다. 남성 중심적인 사회의 지속에 기여한 요소들 중에서 가장 심각한 요소가 바로 프로이트의 정신분석이었다는 판단에서다. 일부 페미니스트들은 프로이트의 '남근 선망' 이론이 여성은 열등하다는 신화를 당연한 것으로 여겼을 뿐만 아니라 그 신화를 이념적으로 합리화시켰다고 주장한다.

그런데 '개인 심리학'의 창설자인 알프레드 아들러는 20세기 초에 지그문트 프로이트와 칼 융과 함께 정신분석 운동을 주도했으면서도 페미니스트로 받아들여지는 인물이다. 그만큼 아들러의 이론은 프로이트의 이론과 많이 다르다는 뜻이다.

프로이트와 아들러의 견해 차이는 성욕이론에서 단적으로 나타난다. 프로이트는 성욕이 사람의 인격을 좌우한다는 입장이었지만, 아들러는 사람의 삶의 양식이 그 사람의 성욕을 결정한다고 주장했다.

아들러의 개인 심리학이 추구하는 것은 어디까지나 온전한 사회적 삶이다. 당연히 공동체가 특별히 강조된다. 인간의 삶 자체가 공동체를, 인류의 행복을 추구하게 되어 있다는 인식이다. 접근 방식이 현실 생활과 밀착되어 있다. 개인 심리학에 따르면, 사람들이 '훌륭하다'고 부르거나 '아름답다'고 부르는 것은 모든 인간들에게 유익하다는 점에서 훌륭하고 아름답다는 뜻이다. 그래서 모든 신경증은 사회적 관심을 제대로 발달시키지 못한 데서 비롯된다는 것이 개인 심리학의 원칙이다.

개인 심리학에서는 이론 같은 것은 별로 강조되지 않는다. 세상 속의 사실들이 중요하고, 각 개인의 특성이 중요하다. 개인이 겪는 경험은 저마다 독특할 수밖에 없다. 그래서 개인의 정신에 든 병을 다룰 때에는 그 사람에게 영향을 미치는 모든 것을 살펴야 한다. 그 사람 본인의 개인적 목표와 육체적 및 정신적 건강, 가족 내의 위치, 형제 서열, 경제 사정, 부모의 교육 수준 등이 세세하게 분석된다. 당연히 분석은 사회적 맥락 안에서 이뤄져야 한다.

아들러는 평소에 삶의 현실을 특별히 강조했다. 그래서 가족의 행복과 아이들의 교육에 관심이 아주 많았다. 대표적인 예가 1920년대에 아들러가 오스트리아 빈에 세운 교육학 연구소

(Päedagogische Institut)이다. 당시 빈의 교사들은 이 기관을 통해 심리학을 배워 교육 현장에서 활용했다. 이때 아들러가 제시한 모토는 "사람은 무엇이든 다 배울 수 있다"는 것이었다. 노력만 하면 성격을 개선시키지 못할 아이나 성인은 없다는 입장이었다. 성격은 타고나는 것이라는 이론은 아들러의 안중엔 아예 없었다.

이런 맥락에서 여자와 남자의 관계도 아들러의 관심을 끌지 않을 수 없었다.

이 책에 실린 글은 작게는 가족의 행복, 크게는 인류의 행복을 위해 쓴 글들이다. 한 마디로 요약하면, 인류의 반이 자신의 사회적 지위에 불만을 품고 있는 상태에서, 그리고 다른 반이 특권을 누리고 있는 상태에서 남녀의 진정한 행복은 불가능하다는 주장이다. 사회의 밑바닥에서부터, 가정에서부터 여자에게 불리하게 작용하는 여러 신화를 깨뜨리는 작업이 선행되어야 한다는 입장이었다.

아들러의 관점에서 본다면, 남녀가 평등한 사회를 구현하는 데 종교의 역할이 아주 클 것이다. 그런데도 서양에서 개인의 삶은 물론이고 사회 전체에도 큰 영향을 끼치고 있는 가톨릭교회가 여성에게 사제직을 허용하지 않고 있는 현실은 잘 이해가 되지 않는다.